極上のおひとり死

松原惇子

SB新書
553

はじめに

ひとりの人生を歩いてきたわたしも70代になった。70代のわたしが、早朝のカフェでひとり、エスプレッソを楽しんでいたとしても、若い人には、高齢者がひとりぼっちで時間をつぶしているようにしか見えないに違いない。

わたしには、30代の頃に見た忘れられない光景がある。近所の公園を、将来のことを悩みながら歩いていると、ベンチにひとり、悲しそうに座っているおばあさんの姿が目に入った。

「あのおばあさんは、ひとりぼっちなのね。なんて寂しそうなの。わたしも老いたらあのようになるのかしら。嫌だ。絶対に嫌だ。でも、どうしたらいいのだろうか」

自分の将来の姿と重なりこわくなった日のことを今でも、まざまざと思い出す。

あのおばあさんもきっと若いときは、ひとりを楽しんでいたに違いないが、老いてひとりでいると、それだけでわびしそうに見えるのはなぜだろう。

あれから、幸運にも物書きとして自立できるようになったが、わたしの作品の原点は、あのおばあさんだ。わたしはひとりをどう生きたらいいのか。そして、ひとりをどう老いたらいいのか。人にはそれぞれの生き方があるが、わたしにとってのよい生き方とは何なのか。

公園のベンチに腰掛けて1日過ごすのも、本人が幸せならいいことだが、わたしは望まない。公園にいたとしても、顔をあげて、笑っている人でありたい。

そんなわけで、60代までのわたしの関心は、「ひとりの老後の過ごし方」であったが、70代に入ってからは、老後を超え、「ひとりで死ぬこと」へと関心が移っていった。

本書の中では、おひとり死の実例だけでなく、ひとりで安心して死ぬためのノウハウも書かせていただいたが、ここだけの話、おひとりさまのための団体ＳＳＳ《スリーエス》ネットワークで共同墓を作ったり終活のお手伝いをしているわたしだが、わたし自身は、まったくと言っていいほど自分の終活には関心がない。乱暴に聞こえるかもしれないが、わたしはどこでどう死んでもいいと思っている。

なぜなら、どこでどう死ぬかは、自分で決められることではないからだ。考えても仕方がないことは神さまにお任せだ。どんなに終活をバッチリして、お墓や葬儀の仕方を決めていても、そのようになるとは限らない実例をわたしはたくさん見てきている。

終活は、真面目できちんとした性格の人にとり楽しいものかもしれないが、ほどほどにしないと、時間がもったいない。体が元気で頭もしっかりしているうちに、終活以外で、やるべきことがあるように思う。

若い人と違い、高齢者と呼ばれる年齢になると命の持ち時間は少ない。それこそ、いつ、人生のシャッターが降りてもおかしくないところまでわたしたちは来ている。

今回の書籍執筆にあたっての取材で亡くなった人の人生とかかわることで、わたしは多くのことを学ばせてもらった。

そんな中で、気づかされたのが、人間には、「生きている人」と「死んだ人」のこの2種類しかないという当たり前のことだ。

生きているから夢も目的も持てる。どんなに功績のあった人でも、申し訳ないが死んだら終わりだ。だから、どんな状態であっても、生きてなければいけないのだ。死を考えるのは、今をどう生きるかを考えることなのだと、つくづく痛感させられた。

「ひとりで認知症になったら？」「介護が必要になったら？」と心配している場合ではないですよ。わたしのシャッターもあなたのシャッターも、ほら、もう、腰の高さぐらいまで降りている。だから、生きている間を悔いなく生きないともったいない。

自分の最期はどこで、何歳で死ぬかは、神さまの領域で、わたしたちにはどうすることもできない。でも、生きている時間を思い切り生きることは自分の意思でできる。

これまで「ひとりの老後」に関する著書をたくさん出版させていただいてきたが、「死」については初めて。人生の未熟者のわたしに、死について語る資格があるのか迷ったが、思い切りやろうと自分に言い聞かせて、頑張って書いたつもりだ。

皆さん、よかったら、わたしと一緒に「極上のおひとり死」を目指しませんか。

極上のおひとり死　目次

1章 ひとりで死ぬ時代がついに来た

2章　えっ　あの人が亡くなった？――ひとりで逝く幸せ

3章　「孤独」こそ「おひとり死」を極上にする

4章 「おひとり死」を成し遂げた人から学ぶこと

5章　おひとり死を成功させるための人間関係

6章　人に迷惑をかけずに、きれいさっぱり死にたい人のために

1章　ひとりで死ぬ時代がついに来た

自分の死を本気で考えるとき

80歳では遅すぎる

つい20年ほど前までは、「ひとりで死ぬ」というと、未婚者か子供のいない夫婦のことで、「おひとり死」に関心を持つ既婚者の人は、意識の高いごく少数に限られていた。
しかし、社会が個人主義になり少子化が進むに従い、家族構成人数も4人から3人、2人と減少傾向にあり、人々の考え方も変わらざるを得なくなっている。また、構成人数が少なくなっただけでなく、家族の関係も希薄になり、「家族」そのものが風前の灯《ともしび》になろうとしている昨今だ。

子供に親の面倒をみる気はなく、遺産だけは欲しがる。そんな状況から、親の方にも心境の変化があったようで、親もまた「子供には頼らない」と、まるで、流行語のように、皆が口にするようになった。

先日、80歳になる男性と話す機会があり、「ひとりで死ぬ」話になった。今は妻がいるが、彼女は持病があるらしい。自分がひとり残されるのは目に見えている。子供はいるがアメリカに住んでいる。子供に頼る気は一切ないが、ひとりでどうしたらいいのかわからないと相談された。ひと昔前なら考えられない相談に、わたしは時代の変化のスピードを感じざるを得なかった。

女性は結婚していても、夫が先に逝くと決めているので、ひとりになることは想定して暮らしているのが普通だが、男性は妻より先に死ぬからと安心しているため、自分がひとり残される想像力に欠けているものだ。しかし、昨今は長生き時代となり、そんなのんきな男性たちも真剣にひとりの死を考えざるを得なくなったようだ。

しかし、悪いが「ちょっと遅いわよ」と言いたい。男性は仕事ばかりやってきたため、生き方を考える機会がなかった分、時代にとり残された感がある。わたしは困りながら言った。

「そのときになったら、どうにかなりますよ。先の心配より今を楽しんだ方がいいと思いますよ」。まったく無責任な答えだと自分でも思うが、立ち話で答えられる内容ではないので、笑って別れた。

幼稚園児ではないのだから、これからの時代は、人に頼る気持ちを捨て、自分でしっかり考えないとだめだと思う。

誰もがもつべき「おひとり死」の覚悟

昨今は、コロナの関係で、会社人間にも将来のあり方を考える人が増えたのはいいことだと思うが、仕事も大事だが、「生き方」を考えることの方がもっと大事だとわたしは思っている。それには、「ひとりで死ぬ」を自分のこととして受け止めて、謙虚に勉強することを特に男性にはお勧めしたい。男性には、耳の痛い話かもしれないが、「ひとりで死ぬ」は未婚女性の専売特許ではなく、家庭をもつ男性、そう、あなたのこと。ひとり身もふたり身も関係なくわたしたちは、死の観点から同類なのだ。

どんな家族の形態をとっていても、人はもともとひとり。家族とは、ちょうど1本の木が集まって森が構成されているようなものだ。どの木を見ても、隣の木に寄りかかっている木はない。木はひとりで自分の足で立っている。そして、時間とともに枯れて朽ちていく。青々としげる森の中で、自分ひとりで朽ちて土にかえるのだ。自然界に生きているものは、動物も植物もひとりで生きて去っていく。自分がいい年になったせいか、最近しみじみと自然の気高さを感じるようになった。

人は生まれるときもひとり、死ぬときもひとりだと言われているが、死の前後は人の世話になるのも事実だ。自分は誰にも頼らないつもりでも、無人島に住んでいるわけではないので、人の手を借りて生きて死んでいく。大事なのは、物理的にひとりであるということではなく、ひとりの覚悟ではないだろうか。

親はいいけど、シングルのわたしはどうしたらいいの

介護は発見の連続

わたしのまわりを見ていると、最近の中高年のシングル女性の会話が変わってきたことに気づく。この世代は親の介護を経験した人、また現在も高齢の親の介護をしている人が多い。本人が60代なら当然のことだが、親は80代の後半から90代だ。世界でもトップクラスの長寿国ニッポン。最近は、長寿を象徴するかのように、「老老介護」が問題になっているが、老老介護の真っただ中にいるのが、シングル女性ともいえる。

シングルの真理子さん（仮名）63歳が、93歳の母親の面倒を自宅でみて5年が経つ。母親に認知症の症状が出始めたのは88歳の頃だった。それまでは、普通に家事も近所

付き合いもこなしていた。しかし、日ごとに認知症が進み、だんだん目が離せなくなった。「今日はちょっとの時間なので、母には悪いけど、部屋のドアにテープを貼って出てきたわ」と会合に出席したこともある。

幸いにも彼女は会社員ではないので、母親の面倒をみながら自宅で仕事を続けることができ、経済的にも困ることはなかったが、仕事で家を空けるときは、前もってショートステイを頼まなくてはならない。ショートステイを利用したことのある人はわかると思うが、「明日、お願い」というわけにはいかない。地域により、何か月も先に予約をしておかなければならないところもある。

要介護5の認定を受け、本来なら特別養護老人ホーム（特養）に入るのが一番いいのだが、特養は100人待ちの所もある状態だ。彼女は、介護保険をフルに使い、近所の人の手を借りながらなんとかやっているのである。

「そうは言うけど、大変でしょ。ヘルパーさんの来ない時間の方が多いわけだし。夜とか……どうしているの？」とわたしが尋ねると、彼女はあっさりと答えた。

「おむつをしているので、トイレに連れていくことはないので助かっているわ」

「でも、1日に何度もおむつ交換をするわけでしょ」とわたしがおそるおそる聞くと、またもや、あっさりとこう言われてしまった。

「おむつも進化していて、いろいろ発見があっておもしろいわよ」

「でも、大きい方は？　臭いも大変だって聞くけど」

「もう便はでないのよ。だから、おむつ交換がやれるのかもしれないわ。介護サービスを使って週に何回か掻き出してもらっているの」

彼女は、母親の介護を大変だと思ったことはないという。人によっては、大変なことになるのかもしれないが、彼女は「発見」と思って介護をしているというのだから、すごい。ただ、彼女の救いは、認知症の進んだ親に彼女が娘だという認識はないが、感謝してくれているので、かわいいという。

「『どなたさまか知りませんが、ありがとうございます。おいしい。ありがとうございます』って。にこにこしていて、すごくいい人よ。だから、ぜんぜん嫌じゃない」

彼女の母親は娘の世話になりながら、あの世にいこうとしている。

加速するひとりの時代

95歳になったわたしの母親も今はまだ元気だが、ぽっくりと死なない限り、わたしが面倒をみることになる。「子供の世話になるつもりはない」と言っているが、気持ちはそうであっても、実際になったら子供がやらざるを得ないだろう。

でも、問題は親を見送ったあとの自分の場合だ。親はいい。自分という子供がいるからなんとかなる。子供の手で施設に入れてもらうこともできるし、子供の手配で自宅で介護してもらうこともできる。家族のまったくいない自分はどうなるのか。誰が自分の最期を看取ってくれるのかである。残念なことに、自分の最期の世話は自分ではできない。誰かにしてもらわなくてはならない。特に、人に甘えられない性格のわたしにはこの状況はきつい。

わたしも年をとれば、母親と同じ状態になると考えるべきだろう。自分は認知症にならないと誰が宣言できるだろうか。年をとって長生きするというのは、認知症になることも避けられない。

年をとれば体も内臓も老化する。当然、頭も老化する。そう考えれば認知症は自然現象で、特別に避けることではないことがわかる。

60代のシングル女性が集まると、この会話になる。

「親はいいわよ。娘というわたしがいるのだから。でも、問題はわたしたちよ。母を看ているときがいいわ。娘がいる親は、安心しきっていると」

総務省統計局のデータによると、最新（2015年「国勢調査」時）の男性の生涯未婚率は23・37％、女性の生涯未婚率は14・06％で、2030年には男性の3人に1人、女性の4人に1人が生涯未婚者になるという予測が出ている（生涯未婚率とは、50歳になった時点で未婚の人間の割合。50歳時未婚率）。

ひとり暮らし世帯が急増している現代、なにがしかの手を打たないと、ひとり身の高齢者で世の中はいっぱいになり、恐ろしい世の中になるのは容易に予測がつく。自分で自分のことができるうちはいいが、80代、90代になったとき、果たしてひとりで頑張れるのか。みじめにならずに、あの世にいくことができるのか。

子供のいない夫婦の不安は、ひとりぼっちになること

仲良し夫婦のため息

男性が残されるとみじめだが、女性が残されると、夫がいたときより生き生きしてくるといわれている。現に、夫に先立たれた女性に元気な人は多い。先日、夫と死別した女性だけで仲良くしているグループ9名に会ったが、長年連れ添った夫を見送ってひとり暮らしをしているとは思えないほどの陽気さに、想像はしていたものの驚かされた。

女性は夫よりも子供、いえ、経済なのか。お金の心配がなければ世話のやける夫はいらないと本気で思っている妻は多いようだ。

火事でひとりしか助けられない場合、夫か子供かと聞かれたら、迷わずに〝子供〟と答える女性は多いはずだ。

「夫の世話はもうこりごり。夫が亡くなったあとは自分のために生きるわ」と、ひとりになれるのを心待ちにしている人がいる一方で、寄り添って暮らしている仲良し夫婦にとっては、夫がいなくなることは不安以外の何ものでもないようだ。

道子《みちこ》さん（仮名）65歳は25年前の40歳のときに現在の夫と結婚した。2つ年下の夫とは再婚同士。夫には2人の成人した子供がいる。子供といっても、もう30代の立派な家庭人だ。当然、夫には孫もいる。ただし、まだ子供が小さいうちに離婚しているため、元妻の希望により子供との交流はほとんどない。道子さんには子供はいない。

今でこそ、離婚はそんなに珍しくないものの、道子さんの時代は珍しかった。つまり傷をかかえた者同士の再婚だった。

初婚の場合は、相手への不満が出がちだ。わたしもそうだが、うまくいかないのはみんな相手のせいにして、感謝を忘れがちになる。こんなたいしたことない女を嫁にしてくれただけで感謝すべきなのに、いつしか女王様になっている自分。相手が悪いと決めつけていた自分は傲慢だった。そう気づき反省するのは、離婚したあとなのだ。幸せは失ってみないと気づかないもののようだ。再婚同士がうまくいくのは、2度と同じ過ちを犯すまいと努力するからだ。つまり、お互いに高い月謝を払って人生を学んだということになる。

道子さん夫婦には、初婚ではないからこその仲の良さがある。2人は仕事もプライベートも一緒だ。経営コンサルタントの仕事をしている彼を、彼女が秘書として手伝っている。文書づくりは彼女の仕事だ。2人で事務所に出勤し、仕事が終わると2人で食事に行く理想の仲良しカップルだ。

夫は妻のことを気遣い、決して「今晩のご飯はできてる？」なんて亭主づらしたことは聞かない。妻も仕事をしているのに、ご飯を作らせるのはかわいそうと思っているのだ。

ああ、なんて優しい夫なのか。妻も彼の思いやりがわかるので、ちょっとぐらい具合が悪くても彼に言わない。心配させたくないからだ。初婚ではできない大人の夫婦なのである。

ひとりになったらみんな同じ

とにかく2人は仲がいい。外国旅行はもちろんのこと、週末に温泉に行くのも買い物も一緒だ。友達と会うのも一緒だ。日本人とは思えない、いつも一緒のカップルなのである。

「そんなにいつも一緒で飽きないの？」とひとり身のわたしが聞くと、飽きるどころか、一緒でないと不自然に感じると言うではないか。また、そのたびに「それよりあなた、ひとりで寂しくないの」と言い返されてしまう。2人でいるのが一番落ち着くし、ほっとするそうだ。だが、道子さんが言うには、最近になり、言い知れぬ不安が顔を出し始めたというのだ。

ひとり身のわたしが仲良しラブラブの夫婦の不安を聞いてどうなるのか、と思っていたが、聞いているうちに、ラブラブ夫婦にまで、「ひとり」の危機感が押し寄せていることを肌身に感じた。道子さんは言う。

「今までは、こんなこと考えたこともなかった。もし、主人がいなくなったら、ということを。でも、最近、身近に60代で夫を亡くす人を何人か見てきて……。うちだって、あり得ないことではないと思うようになったの。なんか、考えだしたらこわくなっちゃって。だってわたし、今までひとりで行動したことがないんですもの。いつも夫婦一緒でしょ。彼がいなくなったら、わたし、何をしたらいいの。友達をつくるっていったって、みんな夫婦だし……」

ラブラブ夫婦の妻からこんな話を聞くとは、と驚いたが、「ひとり」の活動をしているわたしに助言を求めているのがわかったので、コメントした。

「これまで夫婦仲良く幸せだったのだから、それはそれでよしと思わないと。もし、彼が死んで、ひとりになったら、わたしたちの会にでも入ったら？　『ひとりで生きる』の勉強を1年生から始めるしかないわよ。もちろん、わたしにできることはお手伝いするけど……」

なぜ、ひとり身のわたしが、ラブラブ夫婦がひとりになったときのことまでお世話しなければならないのか、と笑ってしまうが、ラブラブだろうがヒエヒエだろうが、ひとりになったらみんな同じだ。

彼女が言うには、ずっと夫婦で行動してきたので、夫婦共通の友達はいても、個人の友達はいないという。最近、そのことに気づき、ぞっとしたらしい。おしどり夫婦もいいが、個人としての部分をもっていないと、相手が欠けたときに困ることになる。

「ひとり」になったときの不安が、今まで「ひとり」で生きてきた人より大きいのだ。

内閣府による平成30年版「高齢社会白書」によると、２０１６年の調べで、65歳以上の者のいる世帯は全世帯の約半分、48・４％を占めている。

さらに65歳以上の者のいる世帯構造を見ると、夫婦のみ世帯がもっとも多い31・１％、次に多いのが単独世帯の27・１％で、夫婦のみと単独世帯を合わせて半数を超える状況であることがわかる。

この数字からも、将来ひとりになる人がどれほど多いか想像できるだろう。

ひとりでどこまで頑張れるか

自立とはひとりで完結することか

1度も結婚せずに仕事一筋できたシングル女性は、離婚や夫との死別により途中からシングルになった女性と比べると、精神的にタフだといえる。そういう人生が好ましいかどうかは別として、未婚の人は、最初から人をあてにした人生設計をたてていないからだ。

〝最後まで誰の迷惑にもならずに死んでいきたい〟。これは未婚女性の共通の思いであり理想だ。長年、ＳＳＳ（ＮＰＯ法人ＳＳＳ《スリーエス》ネットワーク、おひとりさまを応援する団体）の活動をしてきた中で、みんなから何百回となく聞かされてきたセリフだ。最初のうちは、みんなの考え方に同調していたわたしだったが、あまりにも皆が口をそろえて言うので、最近は、反発するわけではないが、〝人に迷惑をかけて生きるのもいいじゃない〟と思うようになった。そして、口の悪いわたしは言わなきゃいいのに言う。

「だって、あなたが今、生きてるだけで人に迷惑かけていると思うけど……」

人の世話にならずに、ひとりで自分の人生を完結させたい。

これが多くの未婚女性の望みだが、人とのかかわりをそんなに嫌っていいのか、疑問が残るのも確かだ。一見、自立しているように思える発言だが、自立とはひとりで何もかもやることなのか、迷惑をかけないことが自立なのか、考えさせられることが多い。ひとりで完結させたい気持ちはわかるが、実際にひとりで完結させることができるのか、それは問題だ。

最期まで自宅で

ノブさん（仮名）70歳は、若いときから社会派で女性問題運動などを積極的に行ってきた方だ。60歳で定年になったあとも、男女平等問題の団体に所属し、運動を続けてきた。それまでは健康そのものだったのだが、65歳になったあたりから関節の動きに異常をきたすようになる。医者によるとリウマチだという。

気丈な彼女は、杖をつきながら会合に出席。人から同情されるのを嫌い、病名も誰にも告げずに「ちょっと足が……でも大丈夫」とかわす。ところが、年月とともにリウマチは悪化する一方で、ついに、外出はおろか、自分の足では歩けなくなった。

ひとり暮らし、家族なし、高齢、リウマチと四重苦ともいえる生活を強いられているわけだが、「最期まで自宅で」という強い死生観の持ち主の彼女は、ヘルパーさんや介護保険などをフルに使い、ひとりで自宅生活をし続けている。

今後彼女が身の回りのことができなくなったら、どんなに施設に入るのが嫌でも、入らざるを得ないだろうが、どうなることやら。

知人によると、彼女は昔から決して人に弱みを見せず、弱音を吐かない人だという。人の生き方はそれぞれなので、他人がとやかく言う問題ではないが、昼間はヘルパーさんが来てくれても、夜は大変なのは容易に想像がつく。最近では、ベッドにひとりで上がることも難しくなったと聞いている。

夜のトイレはどうしているのか。ただ、彼女の場合、頭は恐ろしいほどしっかりしているので、ヘルパーさんにてきぱきと指示をだして世話をしてもらっているらしい。

〝お見事！〟と言える彼女の生き方だが、そこまで気丈にひとり暮らしを貫ける人は少ないだろう。

わたしもノブさんと同じように「最期まで自宅で」と思っているが、ひとり自宅で生涯を終えるには、脳溢血《のういっけつ》か心臓発作で、ころっと死なない限り難しいだろう。彼女のように、体をじわじわと蝕《むしば》まれながら生きていくのは、精神力や死生観で乗り越えられるほど、簡単なことではないはずだ。

ひとりでどこまで頑張れるか。

ノブさんがいつまで、今の状態で自宅で過ごせるのか。わたしは見守っていきたい。そのまま自宅で生涯を終えることができるのか。また、どのタイミングで自宅を離れる決心をするのか。

ひとり者の先輩の姿は、自分の先の姿だと、見ていて痛感させられる。

彼女の最期が仮に孤独死だったとしても、それまでの生き方、自立した生活を凛として続けたのだとしたら、見事な「おひとり死」ではないだろうか。

「ひとりで死んだ」からと言って「孤独に死んだ」わけではない

「孤独死」の定義は

いつも感じるのだが、マスコミで報道される「孤独死」には、寂しさとわびしさがつきまとう。団地で人知れずに死んでいった人が孤独だったか、孤独ではなかったかは、その人しか知らないことだが、「幸せな死」ととる人は、ほとんどいないだろう。「孤独死」の定義ってなんなのだろう。ひとり暮らしの人で死んだことをいうのか。何かピンとこない。

よくわからないままに使われている「孤独死」という言葉だが、誰にとっても、ゾクッとする言葉であることだけは確かだ。

ＳＳＳの会員の中にも、「孤独死」を恐れる人は多い。「死ぬのはいいが、孤独死だけは嫌だ」という。彼女たちのイメージする「孤独死」というのは、死後、すぐに発見されないことを指す。室内に放置された野菜ではないが、自分がぐちゃぐちゃになる前に発見されたいのだ。

お笑いのネタのようだが、「死後3日以内」が希望だそうだ。では死後3日以内に発見されるには、どうしたらいいかということが、孤独死を恐れる彼女たちの懸念材料なのである。

わたしも含め、ひとり身の人、ひとりで暮らしている人は、巷《ちまた》で見聞きするおひとりさまの死に方が刑事のように気になるものだ。

その人は何が原因で死んだのか？　どこで死んだのか？　誰がその人を発見したのか？　部屋はどういう状態だったのか？　その人は幸せだったのか？

特に、ひとり暮らしをしていたシングル女性の有名人が死んだというニュースは、ひとりの人がもっとも興奮するニュースのひとつだといえる。シングル女性の死に自分を重ねてみるからだ。

幸せな「おひとり死」

これからは、ひとりの人が増え続ける一方なので、自宅で人知れずに亡くなる人も増えるに違いない。

以前から、わたしにはひとり暮らしの人の死を「孤独死」と呼ぶことに抵抗があった。たぶん、自分と重ねて考えているからだろう。

わたしがもし、自宅で死んだとしたら、ひとり暮らしなのできっと「孤独死」と言われるだろうが、わたしは、「おひとり死」と言われたい。人から見てどんなにみじめな死に方でも、本人が自分の生き方を貫いたのであれば、それは、孤独死ではなく「おひとり死」だからだ。

「孤独死」や「孤立死」は、発見者や周囲の人間が、ひとり暮らしの人が亡くなった現場の状況で判断して使っているだけに過ぎない。そのようなわびしい言い方は、今まで人生を頑張ってきた故人に対して失礼だと思う。

どんな死に方をしても、故人を敬う気持ちが大事ではないのか。

ひとりの人の死は「孤独死」ではなく、「おひとり死」だ。これからわたしは、あえて「おひとり死」という言葉を使っていきたい。

日本の超高齢社会を考えると、結婚しているとか、子供がいるとかの次元を超えて、「おひとり死」がこれからの普通の死に方になってくるのではないだろうか。

2章　えっ　あの人が亡くなった？

——ひとりで逝く幸せ

人には誰にも知られずに死ぬ幸せがある

正月に連絡がつかない

ＮＰＯ法人ＳＳＳネットワークでは２０００年に、ひとりを生きる女性のための共同墓を府中ふれあいパーク（霊園）の一角に建立した。会員からの強い要望によりできた。バラに囲まれた美しい共同墓は、ひとりで凛と生きてきた女性にふさわしいと、わたしたちは自負している。

当時は、わたしも会員もまだ50代と若く、しばらく亡くなる人はいないとのんびり構えていたところへ、突然の電話が鳴った。

会員の訃報が入ったのは２００２年１月だった。

「もしもし、SSSネットワークさんですか？」と会員ではなさそうな年配女性からの電話だった。

「はい、SSSネットワークです。恐れ入りますが、会員の方ですか」

SSSには一般の方からの電話も多いので、まず会員かどうか確認する。

「いいえ、わたしは会員ではないのですが……」

一般の人からの問い合わせだと思い、説明をしかかったところ、緊迫した声にはっとした。

「あの〜妹が死亡したので……そちらの会員だった吉田佳子《よしだけいこ》（仮名）です。亡くなったので連絡さしあげました。妹の引き出しを調べていたら、お宅様の会報が出てきたので、なんだかとても丁寧に引き出しにしまってあって大切なものなんだな、と。それで、連絡したわけです」

「吉田さんですね。今、調べますのでお待ちください」

ファイルをめくると彼女の名前は確かにあった。共同墓の契約もしてある。吉田さんは、年齢を見てみると……1942年生まれなので、まだ59歳だ。死因は一体何だったのだろうか。そして、どういう状態で死んでいたのだろうか。家族と暮らしている人と違い、おひとりさまの死の場合、最期がどのような状態だったのか気になる。

どうしても、ひとり身の人のことは、自分と重ねてみないわけにはいかない。その人と同じように死ぬとは限らないにしても、同じひとり身の者として、最期の様子は詳しく知っておきたいのだ。それは、不謹慎な意味ではなく、「おひとり死」を受け止める自分でありたいからだ。

お姉さんの話によると、吉田さんは都内のマンションにひとり暮らし。結婚の経験はなく、ずっと会社員として働いてきたということだった。いわゆる典型的なシングル女性ということができる。

会社を早期退職したあとは、好きな山登りをして楽しんでいたそうだ。特に大きな病気をしたこともなく、前年のお盆に会ったときは元気だった。

お姉さんは話す。

「普段はそんなに行き来はしてなかったので、どんな生活をしていたかは、よくわかりません。ただ、お正月に会うのがいつもの習慣だったのに、三が日が過ぎても何の連絡もないので、電話してみたのですが、ぜんぜん出ない。海外旅行に行くという話も聞いてなかったもので、これはおかしいと思い、家に行ってみたんです。すぐに行けばよかったんですが、5日になってから……」

「それで？」

わたしは自分と重ね合わせながら聞いた。

「お姉さんは、どうやって妹さんの家に入ったのですか。鍵を持っていたのですか？」

ひとり暮らしの人の場合、誰かに鍵を預けていないと、いくら緊急でも中に入ることができないからだ。すると、彼女は言った。

「いえ、普段からそんなに仲の良い方ではなかったので、鍵は預かってません。でも、絶対に何かおかしいと思ったんです。開いている窓もあったので、大声で呼びましたが返事がない。おかしい！　それで警察を呼んで、開けてもらいました。でもチェーンがかかっていたので、ドアを壊してもらい、中に入ると、妹が廊下に倒れていました」

「で、そのとき、息はあったのですか？」

わたしがまるで警察官のように聞くと、お姉さんは言った。

「いえ、死後、数日ほど経過していたようです。ですから、正確に亡くなった日はわからないのですが、医者と相談して、1月2日ということにしました」

「そうですか。そんな大変な中、SSSへのご連絡ありがとうございます。それで、立ち入ったことを伺いますが、死因は何だったのでしょうか」

お姉さんの話によると、直接の原因はわからないが、検視の結果では、脳溢血だという。脳溢血で倒れてから意識があったのかどうか。意識があったが動けなくてそのままだったのか。その辺のことは、誰も見ていないのでわからないということだった。

「元日に妹に連絡をとっていれば……発見が早くて助かったかもしれないと思うと、なんとも言えない気持ちになります。そちらの共同墓に契約をしていたらしいので、いずれ納骨させていただくつもりです。いろいろ、お世話になりました」と言ってお姉さんは電話を切った。

死ぬ寸前まで幸せなら、死に方はどうでもいい

家族をもっているお姉さんとしては、独身の妹の死に方が不憫《ふびん》で仕方がないようだったが、わたしは、むしろ、羨ましい死に方だと思った。

59歳という年齢は死ぬには少し早すぎる年齢かもしれないが、自分がひとり者なのでわかるが、仮に助かって脳溢血の後遺症で苦しむよりも、ひとりの人はあっさりと

あの世にいった方が幸せだと思えるからだ。

個人により考え方の差があるので、一概には言えないが、家族のいない者は、誰の手も借りずにあっさりと死にたいと願っている人が多い。家族のいる人は、家族のために生きたいと、苦しみと闘う人も多いだろうが、ひとりの人は、ちょっと違う死生観をもっている気がする。

孤独死をする男性を見ていると、そのことがよくわかる。つれあいに先立たれ、ひとりになったとたんに病気になり、命を縮めていく人のなんと多いことか。

吉田さんの死に方は、わたしの理想の死に方だと言える。誰にも看取られずに、ひとりでひっそりと死ぬ。しかも、倒れるまでは普通の生活をしていた。59歳の死を若すぎるとみるか、十分な年とみるかは、人により違うだろうが、若すぎるといっても20代、30代のこれから人生をつくる年代ではない。59歳といえば、間もなく還暦を迎え、老後に一歩踏み出す年だ。一通りの人生を味わい、収穫を終えた年齢だ。わたしの親友も60歳のときガンで亡くなった。ガンが発見されてから1か月後の突然の死だった。そのときのわたしは、彼女がいかに無念だったか、これから定年後を楽しむ予定だったのに……と、運命の神を恨んだが、その後の日本の破滅ぶりを見ていると、原発事故も知らず、コロナも知らず、この先起こり得る経済破綻や貧困時代も知らずにいいときだけを生きた幸せな人生だったのではと。これは、現在、74歳になったわたしの偽らざる心境だ。

わたしはこんな死生観を持っている。

「誰にも看取られずに死ぬ幸せもある」と。家族や友人に囲まれて亡くなる死に方もあるが、ひとりを選んで生きてきた人が、最期はみんなに囲まれて、と思う方がおかしいと思うからだ。

要は、死ぬ寸前まで幸せだと感じて生きていればいいだけのことではないのか。だから、ひとりで部屋でコンビニのおにぎりを食べていても、友達がいなくても、自分が幸せなら、人から見て幸せに見える必要はないのだ。自分が幸せかどうか、自分がわかっていればいいだけのことだ。なので、たとえ、道で死んで身元不明人扱いされようが、自宅で死んで腐敗しようが、わたしには、その部分の関心はまったくない。死ぬ前の日々がすべてだ。

第一発見者は近所の人

死後、姪からの通報

綾《あや》さん（仮名）はSSSの会員の中でも最高齢にあたる1922年生まれのひとり暮らしの方だ。登録の住所から察すると下町の一軒家住まい。持ち家か借家かはわからない。彼女が提出した入会申込書を見てみると、入会動機はSSSの趣旨に共感したからとある。

〈実家は東北なのですが、親兄弟はすでに亡くなっており、親戚が東京にいます。また、近所に友達はいますが、ひとり暮らしにつき、他人に迷惑をかけたくないので、以前からSSSに入会することを考えていました。共同墓に入りたいと思ったのが動機です。ひとりで生きるにあたり、知らないことばかりなので、ひとりを生きるために必要な勉強をしたいと思いますので、どうぞよろしくお願いいたします〉

「ひとり暮らし」という欄にはチェック印がついているが、結婚歴・有無の欄にはチェック印がない。推測するに離婚して東京に出てきたように思われる。子供はいないようだ。文字や文面から、ひとりで律儀に暮らしていたのがうかがえる。

これまでSSSのイベントに参加したことはあるのだろうか。もし、あるとしたら最高齢の方は目立つので、こちらからお話ししたはずだが。たぶん、1度も出席したことがないのだろう。

綾さんの逝去を通報してくれたのは彼女の姪だ。綾さんが提出したローズクラブ(共同墓会員)の個人票を見ると、緊急時に連絡してほしい人の欄に義理の姪の名前があったが、実際に、連絡してきたのは別の姪だった。

人の死にかかわっていると、立ち入った言動は厳禁だ。故人のことに関して、あれこれ聞くことはなかなか難しい。聞こうとすると「これ以上は知りません」でガチャンと切られてしまうことが多い。ひとりの人の場合、SSSに入会していることや、SSSがどんな団体なのか、人に話していないことが多いらしく、SSSの印刷物を見たときに、怪しい団体と思う親族も多いようだ。

以前も70代の会員が亡くなったとき、姉と名乗る遺族から電話があり「お宅は宗教団体ですか？」とひどい口調で言われたことがある。

本人が生前に自分の意思で契約したお墓なのに、まるで、わたしたちが詐欺師かのような言い方にムッときたが、こんなことで怒っていたら、団体運営はできない。金持ちの医者一家のようだが、それが何なのか。その人は、きっと人を見くだして生きてきたのだろう。そんな一家に嫌気がさしたから、故人は親族には相談せずに、ひとりで生前にお墓を決めたのではないのか。

故人の個人票を見てみると、ガンを告知されたのでSSSのお墓を契約したと書いてあった。綾さんには娘がいたが、娘にもお墓のことは話していなかったようだ。子供がいても自分は自分、こんな自立した素敵な親もいるのだ。

なぜ発見が早かったか

血圧が上がりそうなので、綾さんのことに話を戻そう。彼女は当時80代と高齢ではあったが、普通にひとり暮らしをしていた。ご近所の交流がある下町に暮らしていたことが発見を早めることにつながった。

朝の10時頃、家の前を通りかかった近所の人によって、玄関で倒れていた綾さんが発見された。なぜ、近所の人が彼女の家の玄関を開けたかというと、前日に綾さんから「明日は10時に出かける」という話を聞いていたからだ。出かけていていないはずなのに玄関が開いているので、気になり玄関を開けた。すると、綾さんが玄関内で倒れていた。幸運なことに倒れてから間もない発見だった。

第一発見者の女性は、大声をあげ、近所に助けを求めた。すぐに救急車が来た。脳梗塞だったようだ。これは日頃の近所のお付き合いがいかに大事かがわかる例ではないだろうか。綾さんがこの地域に暮らしていたことは、ある意味でのセイフティネットになった。これが都心のマンションなら、こういうわけにはいかない。ひとり暮らしの人には、誰かの目が必要だ。

脳梗塞で倒れた後遺症のためか、綾さんは失語状態になったが意識はあったという。それから2か月後に、病院に入院している間に亡くなられたということだった。

姪が言うには、倒れるまでは元気に普通の生活を送っていたので、いい死に方だったと思うと。日頃お付き合いのない姪だったようだが、緊急時は親族に連絡が行くので、自分の望まない身内の面倒になることもあることは、知っておく必要があるように思う。

結局、綾さんの最後の2か月は、姪という血縁によって支えられた。迷惑をかけたくなかった身内に、結果的に面倒をみてもらう形になってしまったわけだが、まったくのひとり身ならいいが、身内のいる人が人の世話にならずに「おひとり死」するのは、理想ではあっても、現実的には難しいと言えそうだ。

もし、前項に登場した佳子さんのように自宅で倒れ、すぐに発見されずにいれば、人の世話にならずに死ねるが、発見が早いと病院に運ばれ、救急医療の処置が施され、助かる確率が高いので、うまく死ねないという欠点もある。発見は早い方がいいのか遅い方がいいのか、それこそ神のみぞ知ることだ。

ちなみに、綾さんの好きな色は黄色。好きな音楽はクラシック。好きな言葉は「誠実」だった。

享年88歳。綾さんは、地域の中に生き、見事なおひとり死を遂げたのではないだろうか。

知らない人から「死亡」の連絡が入る

財産管理人からの通報

ひとりの人の心配は、自分の最期を看取る人、言葉を変えれば、最期をお願いできる頼れる人がいないということである。

「今は元気だからいいけど、やっぱり最期のことが心配だわ。面倒をみてくれそうな身内もいないし。甥や姪はいるけど、頼む気になれないし。頼まれた相手も困るだろうし……ひとりって本当に最期が大変。孤独死するのも嫌だし……友達に頼むのも……友達も嫌だと思うし……ああ、どうしたらいいのかしら」

この問題さえ解決できれば、一生シングルでも何の問題もない、と思っている人は少なくないはずだ。

以前、こんな電話が事務局にあった。電話をとった事務スタッフのやりとりを聞いていたが、話がかみ合っていないようだったので、わたしが代わった。

「もしもし、代表の松原ですけど……」

すると、女性はこう話しだした。

「荒川和子（仮名）ですが、そちらの会を退会したいと思って」

「すみません、そちらさまの会員番号とお名前をお願いします」

とわたしが聞くと彼女は答えた。

「わたしは会員ではありません。会員なのは荒川さんです。荒川さんが亡くなったので」

「えっ、亡くなった？　あなたは、身内の方ですか」

「いいえ、荒川さんに頼まれて電話しているんです……」

「えっ、荒川さんは亡くなったのですよね」

相手が自分の名前も立場も名乗らないので、わけがわからない。

「すみませんが、ちょっと混乱してしまったので、お聞きしますが、あなたさまは、どなたなのでしょうか」

するとと、彼女はビジネス口調で答えた。

「わたしは荒川さんの財産管理をしている者です」

身内以外の人から死亡連絡が入ったのは、初めてのケースだった。これから、係累のまったくいないこのようなケースが増えるのかもしれない、とそのとき思った。

調べてみると、亡くなった和子さんは、わたしたちの共同墓には契約をしていなかった。

つまり退会の処理だけでよかったのだ。財産管理人にそのことを伝えると、「それでは」と言って、電話を切ろうとしたので、わたしは食い下がった。

共同墓に登録していなくても、SSSの会員にかわりはない。ひとり者の和子さんが、どういう最期を迎えたのかは知っておく必要がある。

彼女の個人票を開いた。1953年生まれ。まだ、57歳（当時）ではないか。ひとり暮らしだ。結婚歴はない。SSSへの入会動機は「友達づくり」となっている。

財産管理人の話によると、和子さんはかなり資産を持っていた方なので、数年前から財産管理のお仕事をさせてもらっていたという。亡くなるのがわかってから頼まれたのではないことを、彼女は強調した。

余命宣告はつらいけど

和子さんはいたって元気で、病気とは無縁の人だったようだ。まさか本人もこんなに早く命を落とすことになるとは思っていなかったらしい。ところが、前年の夏に受けた健診でガンが発見され、余命1年の宣告を受ける。

シングルで余命宣告はさぞやきつかったに違いない。さぞかしつらいことだっただろう……シングル、ひとり暮らし、余命宣告……。

もし、自分だったら受け止められるだろうか。

話を聞きながら、いろいろなことが頭を駆け巡った。和子さんは手術をせずに、入退院を繰り返し、闘病生活を送っていたという。財産管理人の女性は、頻繁に彼女の枕元に呼ばれ、遺産の書類を作成、単に仕事としての付き合いだけでなく、友達のように付き添ったということだ。和子さんに友達はいたはずだが、入院してからは誰にも連絡せずに、財産管理人の女性とだけ会っていたという。

翌年に入り和子さんの容態は急変。最期は苦しむことなく旅立ったという。和子さんは、財産管理人という他人に仕事として自分の最期をお願いした形になる。

誰にも迷惑をかけずに、自分のことは自分でやって死にたいと願う人は多いが、それは、ガンという病気ならできるかもしれないと和子さんの話を聞いていて思った。

余命宣告を受けるのはつらいが、余命がわかっていれば準備はできる。自分のことをきちんと整理して死にたければ、それができるのがガンという病だ。もちろん、ガンの種類やステージによって違うので、一概には言えないが、他の病気と違い準備ができるのは、ガンのいい面だ。

ひとりの人にとり、一番不安なのは、いつまで生きるかわからないことではないだろうか。何歳まで生きるかわからないから不安なのだ。もちろん、家族のいる人にとっても同じかもしれないが、家族に頼れなくても、家族が存在しているのと存在していないのとでは、深刻さが明らかに違う。先日、70代の会員とこんな話になった。

「いつ死ぬかわからないからわたしたちは大変なのよ。死ぬ時期がわかっていれば苦労しないわよね。お金だって、あと何年で死ねるってわかっていれば使えるけど、100歳まで生きるかもしれないし。だから、お金を使えない。松原さんは、生きているうちにお金は使うべきだと言うけど、それはなかなかできないわよ。もし120歳まで生きたら、どうするの」

10年前だったら冗談で済んだ話が、年齢を重ねるとともに深刻さが増してくる。ひとりの人が増えている昨今、そんな人たちのために、死後の面倒なことを頼めるNPOなどがたくさんできているが、そのときがきたら、本当に契約通りやってくれるのか、「死人に口なし」で恐ろしいゾーンだとわたしは思っているので、お勧めしない。

行政も行政で、きちんと調査していないのに、窓口にNPOなどのパンフレットを置いて、本当は行政がやるべきことを回避しているのが現状だ。心配する気持ちもわかるが、終活もほどほどにしないと、何のための人生かわからなくなるので注意が必要だ。

サービス付き高齢者向け住宅（サ高住）に転居したばかりで

死ぬまでひとり暮らしのつもりが

1935年生まれの節子さん（仮名）は、ちょっと困ったさんだった。セミナーに申し込んだのはいいが、当日必ず30分ほど遅れてくる。しかも、黒のゴミ袋で覆った誰が見ても怪しげなカートをひいてくるのだ。わたしが「カートは後ろに置いていただけますか」と言っても、まったく聞く耳を持たない。まさか爆発物ってことはないわよね。年をとると頑固になるのか、それとも、もともとの性格なのかわからない。シーンとしたセミナー会場で、彼女の姿は目立つ。

わたしは、ある日思った。もしかして肌身離さずひいているカートの中には、全財産が入っているのかもしれないと。持ち歩く方が危ないと思うが、聞くのもなんだし、聞いても答えないと思うのでずっと聞かずにいた。

そんなある日、どんな雨の日でもセミナーに参加していた節子さんの姿を見かけなくなったことにスタッフが気づく。

「あら、急に姿を見せなくなったけど、どうしたのかしら」

80代になると足が弱ってくるせいか、イベントに出てこなくなる会員も多い。節子さんも同じなのかもしれない。70代のうちは元気で行動的だった人も、80を過ぎるとおとなしくなるのは仕方がないことかもしれない。ひとり暮らしだろうが、家族と暮らしていようが、当たり前だが年齢とともに体は弱くなる。

気になり、入会時に記載する彼女の個人票をめくり、入会動機を見てみると「情報を利用したいから」と書いてあった。SSSの共同墓を契約していることからも、終活が目的で会員になったことがうかがえる。毎回のセミナー参加も、自分の老後の知恵や情報を得たかったからだろう。

節子さんが来なくなってから1年ぐらい経ったある日、引っ越しを考えているという電話があった。戸建てにひとり暮らしをしていた独身の節子さんは、死ぬまで自宅で暮らすつもりでいたようだが、手首を骨折したことから考え方が変わったという。「そうなのよ。手首の骨折はたいしたことなかったけどさ。手がちょっと不自由になって。それがきっかけで転んだのよ」

老いるというのはそういうことなのかと思った。大腿骨《だいたいこつ》を骨折しなくても、ほんの指1本の骨折でも体のバランスに影響するのだ。それが老いなのだ。

「あのね。熱いコーヒー飲もうとしてさ。お湯を沸かしたら、やかん、ひっくり返して足にやけどをしたのよ」。これが引っ越しの決め手だった。

SSSのセミナーに来ない間の1年間に、ひとり者の自分の最後の住まいとなる高齢者住宅や有料老人ホームを調べまくっていたらしい。

「そうなのよ」ととっても明るい。戸建てのひとり暮らしから見守りスタッフのいる高齢者住宅への引っ越しを決めたので安心したのだろう。

終の住処に選んだサ高住

彼女が選んだのが、住み慣れた地域に新しくできたサ高住（サービス付き高齢者向け住宅）だった。サ高住といっても運営母体、規模、食事サービスのありなしなどいろいろだ。わたしも取材でスペイン風のサ高住や、見守りしかやってくれないところなど、千差万別なのを知っているので、サ高住と言われても、彼女が選んだサ高住はどんなものなのか、イメージがわかなかったが、大丈夫なのか、ちょっと心配でもあった。老人施設の悪い噂を聞くこともあるからだ。すると、しばらくしてから、今度はもっと弾む声で、住所変更の連絡の電話が来た。ついに、サ高住の住人になったのだ。

頑固な彼女も人のお世話になる生活に入ることで、少し丸くなったように感じた。これから死ぬまでサ高住で暮らすなら、もうカートをひいて外を歩くこともないだろう。

ホームページで、節子さんが選んだサ高住を調べてみると、大手企業が経営する、規模も大きく看護師も常勤している、想像以上にいい所だったので、ちょっと驚いた。最近のサ高住は、昔と違い、まるで有料老人ホームのように立派だ。いい所を探したなとわたしは思った。

ここでちょっとおさらいしたいのだが、サ高住は、有料老人ホームとは異なる。

共通しているのは、高齢者限定の施設であること。大きく違う点は、サ高住は国土交通省と厚生労働省の共同管轄で賃貸住宅であること、入居金はゼロないし数十万円程度と安価。一方、有料老人ホームは厚生労働省が管轄する。最近では、新規参入による競争が激化して、高額な入居金がいらない「賃貸型」の老人ホームも増えているようだが、一般的な有料老人ホームは、利用権を買う形なので入居金が高額だ。また、有料老人ホームの場合は、生活面のお世話が含まれている場合が多いが、サ高住の場合は見守りはついているが、あとは後付けになっている。

では、節子さんが選んだサ高住を見てみよう。さすがに大手だけあり、緑に囲まれた東京都の郊外にあった。居室は約200ぐらい。自立型と介護型の2種類が用意されている。パンフレットには「入居一時金不要の更新の必要ない終身建物」と謳われている。

部屋の大きさは2タイプ。自立しているおひとりさまが選ぶとしたらワンルームタイプ（約21㎡）だろう。おそらく節子さんもそれを選んだはずだ。月々にかかる費用を見てみるとこうだ。

1か月の費用の内訳：
- 家賃　7万5000円
- 共益費　1万円

基本サービス料　約3万5000円
食費（3食の場合）　6万円
その他　介護保険自己負担分（人により異なる）
※また、トイレや食事、移動などのサポートが必要なときは、別途料金がかかる。

高いのか普通なのか、正直、わたしにはわからない。基本サービス費の内訳もよくわからないので、なんとも言いようがないが、お金を出せば、自分が必要なサービスを受けられるのは確かなようだ。

節子さんは最後の住まいとして選んだサ高住に、胸を高鳴らせて入居した。うれしかったと思う。部屋は狭いがきっと彼女は満足だったに違いない。手首を気にしながら食事を自分で作らなくてもいいのだ。転んでも、スタッフがすぐに駆けつけてくれる。

わたしは本気で、そのサ高住を取材する気だった。それに彼女がどんな暮らしをしているのかも見たい。黒いカートのカバンの中身のことも聞いてみたい。訪問を楽しみにしていたそんなとき、節子さんが終活を依頼していた司法書士から突然電話が入り、節子さんが亡くなったというではないか。

「亡くなった？」。まだ引っ越しして1週間かそこらなのに。とても信じられない。安心安全な老後を送るための引っ越しだったはずなのに。何があったのだろうか。

SSS事務局は騒然とした。どういうことなのか。混乱しながら司法書士に尋ねると、節子さんは入居した2日後にお風呂場で亡くなっているところをスタッフにより発見されたという。引っ越してすぐに亡くなるなんてことがあるとは。83歳だった。

慣れない湯船ですべり落ちたのか。それとも洗い場で倒れたのか。

警察官のように質問したが、司法書士には、死因については自分の知るところではないので、とやんわりとかわされた。司法書士がSSSの事務局に訃報を伝えたのは、節子さんが共同墓に入る契約をしていたからだ。

節子さんは、自分の死後の準備はきちんとしていたようで、遺言書もきちんと書いてあり、司法書士に預けていた。

入居して2日後にお風呂で亡くなるとは、頭が真っ白になったが、一呼吸置いて、冷静に考えてみたとき、それは決してショックな死に方ではなく、むしろ、自分が選んだ新居で気持ちよくあの世にいけたのは、幸せだったのではないかと思えるようになった。

人はいずれ、あの世にひとりで旅立たねばならない。

死の恐怖を持つことなく、新居でウキウキした気持ちのまま旅立つことができた節子さんの死は、見事な「おひとり死」だったのではないだろうか。本人が望んだ死に方ではなかったかもしれないが、白い病院のベッドの上ではなく、自分の家具に囲まれた新居で、しかも誰にも迷惑をかけることなく旅立ったのだ。

有料老人ホームとサ高住の違い

	有料老人ホーム	サ高住
施設の目的	入居者に介護や食事などのサービスを提供し、高齢者が快適な生活を送るための施設	高齢者が過ごしやすいようバリアフリー構造にした賃貸住宅
介護	①介護付有料老人ホーム ②住宅型有料老人ホーム ③健康型有料老人ホームと3種類あり、それぞれ介護の軽重により入居対象が異なる	主に自立した高齢者、または要介護度が軽度の高齢者を対象としている。安否確認と生活相談のサービスは受けられる。介護が必要な場合は、訪問介護など外部の介護サービスと個別に契約する。中には介護型の施設もある
生活の自由度	外出や外泊には届け出が必要	外出も外泊も届け出の必要なし
契約	入居者は「施設に住む権利」、「施設を利用する権利」、介護などの「サービスを受ける権利」など、「利用権方式」の契約を結ぶのが一般的。近年は「賃貸型」も増えている	サ高住は賃貸住宅の一種なので、入居者は賃貸契約を結ぶ。介護型の場合は、利用権契約も多い

テレビがついたまま冷たくなっていた

不安を口にしない素敵な先輩

恭子さん（仮名）はSSSの会員になってから長い。SSSが共同墓を作った2000年、65歳のときに入会している。当時は、会員も少なかったので、毎回、イベントに参加するおしゃれで元気で小柄な恭子さんの姿は目立っていた。思わず「恭子ちゃん」と、ちゃんづけで呼んでいたが、嫌な顔ひとつ見せなかった。

会社を定年退職したばかりというので、毎日何をしているのか聞くと、考える間もなく「ジム通いとバス旅行」と即答したのには驚いた。なんでも、定時に会社に行く習慣が身についているので、朝9時には、家を出たくなるそうだ。毎朝9時にジムに出勤し、17時に家に帰る生活を送っているという。申し訳ないが聞いたときは思わず笑ってしまった。でも、最近わたしもジムへ行くようになり、会社のようにジムに通う人をたくさん見ている。

「毎日？」と聞きなおすと、「そうなのよ。毎朝、リュックを背負って出かけるのよ」と笑った。どうも、彼女は、わたしと違い、家でダラダラしているタイプではなさそうだ。

さらに驚いたのは、週末もほとんど家にいないという。どういうことかというと、おひとりさま参加オーケーの日帰りバス旅行に申し込み、毎週のように旅行を楽しんでいるらしい。

「毎週？」。その問いに笑ってうなずく。

「バスツアーは馬鹿にできないですよ。知らないところに行くのはおもしろいし、人を観察するのもおもしろい。それにご飯もついているから、家で作らなくていいので楽ちんなのよ。それに、外で食べる方が安あがりなのよ」というのには、つい笑ってしまった。

玄関には、いつでもすぐに出かけられるように日帰り用、1泊用、2〜3泊用、1

週間用と4種類の旅行カバンが置いてあるというのだから、すごい。
恭子さんは、バスツアーにはいつもひとりで参加する。ひとり参加は寂しくないか聞くと、「お友達をつくる目的で参加しているのではないので、まったく」と言い返されてしまった。ひとりの時間を充実して過ごすためのひとり参加なのだ。この原稿を書くために、彼女が共同墓を申し込むときに書いた自己紹介に目を通してみると、こう書いてあった。

〈性格的にはひとりが好きです。どちらかというと孤独ですが、それを苦にしてはいません。しかし、大勢集まったりすると、溶け込んだり、仕切ったりするところがあります。この6月で無職となり年金生活者となりました。経済的には夫に依存せず生活ができますので、老後は好きなように、自分を大切にして生きていきたいと思います。自我を通して生きてきましたが、最後に死後の問題が残っていました。SSSの共同墓は私が考えてきたことと同じで、報道されたのを機に、すぐに申し込みました〉

ちょっと意外だった。夫も子供もいるようには見えなかったからだ。まあ、そんなことはどうでもいいことだが、不安を口にする会員が多い中で、余計なことをしゃべらない恭子さんは素敵な先輩に見えた。そういえば、恭子さんは、わたしが作ったドキュメンタリー映画がカナダで賞をもらったとき、カナダ旅行にも参加してくれた。文字通り、知らないところならどこだって行きますという行動派なことがうかがえる。彼女は日本でも小柄だが、カナダ人から見ると、さらに小さく見えるらしく「Oh! Small!」と驚かれたときのことが懐かしい。

家族をもちながら自分を貫く

わたしが、恭子さんの訃報を知ったのは、娘さんからの連絡でだった。恭子さんは享年82歳。2000年に提出した個人票には、夫あり子供ありにしっかりとチェックが入っているが、人生いろいろあったのだろうなあ。家族がいるというのはいいことも多いが、大変なことも多いはずだ。その中で、彼女は自立して生きる道を歩いてきたのだ。

SSSでは、その年に亡くなった人の合同追悼会を毎年1回行っている。2017年の合同追悼会には娘さんが出席し、母親のことを語ってくれた。おひとりさまが亡くなる場合、合同追悼会に身内が参加することはほとんどない。また、おひとりさま本人も、ひとりでさわやかな旅立ちを希望する人が契約しているので、身内ではなく仲間に見送られて旅立つことを喜んでいる。

恭子さんは、いつからかは定かではないが、長い間働きながらひとり暮らしを貫いていたようだ。普段は行き来がそんなにないが、数年前から高齢になった母親のことを案じ、娘さんは定期的に電話を入れていたそうだ。その年の1月に電話で話したときは、普段、お酒をたしなまない恭子さんが「お酒を飲むとぐっすり眠れるのよ」と言うのを聞き、驚いたそうだ。2月に電話をすると、2階から降りようとしたら階段からすべり落ちたが、けがはなかったと。そこで、娘さんは1階に布団を敷いて寝るようにアドバイスした。

3月に入り、「どう？」と電話をすると「具合はあんまりよくないな。いよいよになったら連絡するから」「わかった」と会話をした。

その後、なんとなく胸騒ぎがした娘さんは、翌日電話を入れたが出ない。そこで、翌日の朝、合鍵で静かに恭子さんの家に入るとテレビの音が聞こえたのでほっとする。見ると、テレビの前の布団の上で、母親は大の字になって冷たくなっていたのだ。

警察の検視によると、前の晩の未明に心臓発作に見舞われ、こと切れたという説明だった。

テレビを見ながら、お酒を飲んでいるときに、発作が起き、長い時間、苦しむことなく、上手にピンピンコロリを成し遂げた、と娘さんは明るい顔で話してくれた。ピンピンコロリこそが誰もが望む理想の死に方だ。自分を貫いた生き方をした人のお見事な死に方ではないだろうか。

ひとりで自立して生き、誰にも邪魔されることなく、日常の中でこと切れる。これこそが極上の「おひとり死」ではないのか。生きているときもひとり。死ぬときもひとり。ひとり暮らしの良さは、側に誰もいないことだと、改めて確信した恭子さんのおひとり死だった。わたしも恭子さんのような「おひとり死」ができるだろうか。

人は生きたように死ぬと言われているが、それは本当だ。恭子さんは家族をもちながらも自分を生き抜いた人なのだ。合同追悼会で母親の話をする娘さんの姿はとても誇らしげだった。

デパートに出かけたまま

85歳がひとりで暮らす限界か

光子さん（仮名）は紫色の揺れるようなワンピースを召されたおしゃれな女性だ。わたしが「いつも素敵ですね」と言うと、恥ずかしそうな笑顔を見せる控えめな方だった。共同墓に入ることが目的だったようで、SSSの追悼会には必ず出席していた。ところが、数年前から姿を見かけなくなる。追悼会常連の人も、80代に入ると会場まで来るのが身体的に大変になるようで、姿をお見かけしなくなることが多い。

光子さんの顔も名前もはっきりとわかるが、顔を合わせるのは、年1回の追悼会のときだけだったので、ゆっくりお話をしたことがなかった。彼女の華やかな雰囲気から、どこかの奥様と思っていたからかもしれない。しかし、改めて個人票を読んでみると、苦労の多い人生だったことがうかがえた。ああ、もっと話を聞かせてほしかった。教わることもあったに違いない。ああ、残念だ。あの微笑みにみちた謙虚さは、人生をわかっているからこそのふるまいだったのだ。

光子さんは両親の顔を知らない。幼い頃、両親が離婚し、友人のところに養女として出される。その後、すぐに、親戚の人に連れ帰られる。両親のいない子は、親戚と他人宅のたらいまわしにされたそうだ。戦争後は会社勤めをしていたが、その後結婚。2人の子供を持つ。個人票にはこう書いてある。

「生まれてから両親に抱かれたことも会ったこともない。兄弟もいるが1日も一緒に暮らしたこともなかったので、いないと同然。天涯孤独の人生です」

1928年生まれの光子さん、生きていれば今年で93歳になる。夫とは離婚か死別しているようで、ずっとひとり暮らしだ。顔を出さなくなったのは85歳ぐらいのときだったようだ。そのころ、彼女はこれまで住んでいたマンションから高齢者向け住宅に移転している。

会員の方たちを見ていると、85歳で自宅から高齢者向け住宅などに移転する人が出てくるのがわかる。85歳というのは、ひとりで暮らすことへの自信がなくなる年齢なのかもしれない。自宅で死ぬのか、施設で死ぬのかの選択を迫られる年齢のようだ。

日常の中でスーと消える

光子さんの訃報は、彼女が最後の住処として移転したサ高住からだった。いつものように市内に買い物に出かけた、その道で突然倒れて亡くなったらしい。享年89歳。

道でと聞いたときは驚いたが、よく考えると、死の恐怖なく、あの世に旅立てたのは幸せだったのではないのかと思う。自分の最後を過ごす場所に移転し、彼女は安心して暮らしていたに違いないからだ。おしゃれな彼女は、デパートが好きだったみたいなので、髙島屋にでも買い物に行ったのだろう。彼女の謙虚な明るさから、若いときは悲しいことも多かったかもしれないが、子供が巣立ち、夫と離れてひとり暮らしになってからは、人生を静かに楽しんでいたと推測できる。

彼女の好きな言葉は「想いで」「幸せ」だ。家族に恵まれなかった幼少期を過ごしたが、結婚して自分の家族をもち、そしてひとりになった。あじさいの花のような服装が、質のいい暮らしをしていることを物語っているようにわたしには思えた。

買い物に出かけている途中の道で倒れる。死の恐怖がないまま、あの世に旅立つ。これこそわたしたちがあこがれるピンピンコロリではないのか。

おひとり死といっても、いろいろだが、こんな言い方をしたら語弊があるかもしれないが、SSSで見てきている範囲で言うと、ひとり暮らしの人は、生き方がシンプルなせいか、死ぬときもシンプルだ。

おひとり死された家族の気持ち

「ひとりで死なせてしまった」という痛み

「おひとり死」したいと思っている人の気になることは、ただ1点。自分がひとりで秘かに死ぬのはいいが、残された家族はどう思うか、ではないだろうか。

なぜ、黙って死んでしまったのか。なぜ、身内に頼ってくれなかったのか。何か、家族として、してあげることがなかったのかなど。ひとりで人知れずに死ぬとき、それが病気が原因だろうが、餓死だろうが、衝動死であろうが、残された家族や親しい人の心はつらい。

わたしもひとり暮らしの友人に、突然、先立たれた経験を持つ。まだ、60歳前だったにもかかわらず、病気がきっかけで精神を病み亡くなった。そんなに悩んでいるとは知らず、彼女の苦しみに寄り添えなかった自分をわたしはずっと責め続けてきた。元気なときと違い、病気になったときは、ひとりで、さぞかし寂しかったに違いない。

早いもので彼女の死から12年が経つ。しかし、時間が経ったことで、わたしの彼女の死に対する気持ちも変わってきた。おひとりさまの人生を謳歌していた彼女だ。原発事故やコロナ禍を経験しないで、いいときだけを生きた彼女は、幸せかもしれないと。誰にも邪魔されずに、ひとりで静かに去っていくのは、決して寂しいことではないと。でも、そう自分を納得させるためには、ずいぶん時間を要した。

時を経て変わる「おひとり死」への思い

父親に「おひとり死」をされた娘の気持ちを聞くことができたので、ここに紹介したい。現在40代の彼女は静かに語る。

「父が亡くなったのは16年前、わたしが29歳のときです。沖縄の離島に暮らす父はひとりで亡くなりました。享年58歳でした。父42歳、わたし8歳のときに両親は離婚。母は東京へ。わたしと姉は父に育てられました。父は一言でいうと、お酒が大好きな頑固で優しい人。島で一番の電器店を経営し、お酒友達もたくさんいる人でした。

再婚話も2度あり、わたしたちは賛成でしたが、父は『娘が嫌がるから』という理由で断りました。いま、思えば、もう一度家庭を築くことが、父には面倒くさかったのだろうと思います。わたしと姉が島を出てから、父はずっとひとりで暮らしでした。

父が亡くなったという電話を受けたのは、2月の寒い日でした。亡くなる前、父はどうしていたのか。

叔父によると、もう何か月も前から体調が悪そうで、病院に行くように勧めたが行かなかったと。病院嫌いの父は、絶対に病院には行かないし、お酒を控えることもしませんでした。

父が亡くなっているのが見つかった日。叔父が様子を見に訪ねたところ、ホットカーペットの上で寝ている父が見えたので起こそうとすると亡くなっていた。

亡くなる前までの父は幸せだったのか。それとも孤独だったのか。わたしは混乱しました。

叔父の話によると、最後の日も友達と家で飲んでいたと聞き、それが唯一の救いでした。

しかし、当時29歳だったわたしは、父をひとりで死なせてしまったことが申し訳なくて、悲しくて『この痛みは一生持って生きなくちゃいけない』と強く思いました。あれから16年経ち、わたしも子供を授かり親となった今では、父の生き方を振り返るとき、『お父さんは寂しい人生ではなく、自分の好きなように、自由に生きたんだ』と思えるようになりました。

離婚後も再婚をしなかったことも、わたしたち娘のことを考えたというよりは、自分の生き方を貫いたように、今は思えます。人の下で働くこともなく、再婚話も2度断り、体調が悪くても、病院には行かないし、お酒もやめない。好きなお酒と友達と楽しく飲んで、ひとりで亡くなった。どこまでも自由な父です。

父は『ひとり寂しく亡くなった』という一面もあるのかもしれないけれど、『最後まで自分を貫いて、ひとり自由に生きた』という方が、父を語るうえでは、しっくりきます」

さわやかな笑顔で語る娘さんに、わたしは「見事なおひとり死！」と心の中で拍手した。

3章　「孤独」こそ「おひとり死」を極上にする

みんな孤独を抱えて暮らしている

定年後、男性には居場所がない

高度経済成長期に日本の発展に努めた、いわゆる会社人間だったサラリーマンが定年後に味わうのが、想定外の孤立感ではないだろうか。

満員電車に揺られるのも何のその。家族のために、会社のためにがむしゃらに働いた会社人生は、苦労も多かったが、愛おしい自分の居場所だったに違いない。同僚や先輩がいる。若い子もいる。人間の宝庫のような会社という組織に長くいた人が、定年とともに去らねばならないつらさは、本人しか知りえないものだろう。

頭ではわかっていても、日常が一変するのが定年後の男性の生活だ。どんなにできた妻であっても、長い間留守だった夫に、四六時中、家にいられたらたまらないものがあるのは、ろくに妻をやったことのないわたしでも察しがつく。

現代は共稼ぎも多いが、わたしたち団塊の世代の場合は、夫は仕事、妻は家庭というのが一般的で、女性は結婚すると家庭に入った。会社員の妻のほとんどが専業主婦という時代だったので、知らないうちに家は夫婦の居場所ではなく、妻の居場所になり、妻が城主になったのだ。

そこに退職して給料を持ってこなくなった夫が帰ってくる。城主の妻が喜ぶわけがないのは目に見えている。「粗大ゴミ」と言われるのは笑ってごまかせるが、「粗大ゴミ」になってしまった自分を認めるのはつらいだろう。

「あなた、今日はどこかに行かないの」と聞かれ、「ここは俺の家だ。自由にさせろ」と強く言える夫がどれだけいるだろうか。自分が汗水たらして働いたおかげで家族が生活できてきたのに、日本の定年男性は気が弱すぎる。

言葉を返せない夫は、ひとり家を出る。平日の朝9時、駅前のカフェはそんな60代後半の男性が自分の時間に浸るところになっている。働き盛りの30代40代とみられる男性はカフェには目もくれずに、足早に駅に向かう。

ほぼ毎朝カフェに行くのが習慣のわたしだが、目黒に住んでいた頃は、若い人ばかり見かけたが、埼玉の自宅の最寄り駅前のカフェには、同じ時間帯に、明らかに定年後のひとりのおじさんばかりが目に付く。

なぜだろうかと考えてみたところ、埼玉はベッドタウンなので、これからオフィスに行く若い人ではなく、家を出なくてはならないおじさんたちの居場所になっているからだと思った。

長い夫婦生活の中で、あまり夫婦の会話をしてこなかったツケが、ここにきて出ているのではないだろうか。会話の糸口を探さないと一緒にいられないほど、苦しいものはないはずだ。お互いに、今さら、夫婦関係を修復する気もないだろう。

城主の妻は、夫がいない間に、趣味や習い事を通じてたくさんの友達をつくってきたので、日々、忙しい。仕事のない寂しげな夫の世話をしている時間はないのだ。同じ家だが、別方向を向いて暮らしているうちに、心の距離が離れてしまう。

以前、テレビ番組で、60歳以上の人を対象に「あなたは旅行に行くなら誰と行きたいか」というアンケートを行っていた。すると、男性は「妻と行きたい」が1位だったのに対して、女性は「女友達と行きたい」が1位で、「夫と行きたい」は、何位だったか。忘れた。

「毎日3食作るのは大変なので、昼はひとりで食べて来てほしい」と、はっきり言う女性も多い。「夫を残すのはかわいそうなので、夫が先に死んでほしい」と本音を言う女性もいる。城主は強い。城主様のご機嫌をとらなくては、夕飯も危なくなる。

午後3時の図書館

平日の午後3時頃、近所の人と図書館の話になり、利用しようと向かった。分館だったこともあり、こぢんまりしているが利用しやすそうな図書館だ。わたしの本が置いてあるかのチェックも兼ねて、ひと回りしようと館内に足を踏み入れたところ、驚いたことに利用している人のほとんどが定年後のおじさんだった。

館内には、窓側にずらりとカウンター席が設けられているが、学生や主婦の姿はなく、明らかにおじさんばかりが座っている。借りる本を選んでいる女性はいるが、カウンターに座って本を広げている女性は見当たらない。

雑誌コーナー前のソファ席も同じだ。おじさんが多い証拠に、雑誌閲覧棚に並べられている今月号の雑誌「文藝春秋」は誰かが読んでいるようでなかった。毎日通っているおじさんもいるのではないかと思われる。なぜなら、図書館の人には申し訳ないが、軽い加齢臭が充満していたからだ。

図書館は、冬は暖房がきいていて家にいるより暖かいし、何よりも城主に気を遣う必要もない。また、一日中いようと思えばいられる時間をつぶすには絶好の場所だ。1日中、誰とも口をきくことはなくても、人の中に身を置くことで、孤独に苛まれることも避けられるだろう。

図書館を居場所にしている人を悪く言う気はないし、図書館に来ている人を孤独だと決めつける気もないが、背中がとても寂しげに見えた。図書館を出て、家に帰ったら、会話もない妻の作った手料理を食べながら、テレビを見ているのだろうか。

それが、会社で頑張って働いてきた男性の老後か。老後はまだ始まったばかりだというのに……。

後日、1か所の図書館だけで決めつけるのはよくないと思い、たまたま用事があったこともあり、川口市の中央図書館に寄ってみた。川口市はわたしの出身地だ。子供の頃と違い、駅周辺は開発され、まるで別の街だ。なんでも、不動産の専門家による査定のもと選定された「本当に住みやすい街大賞」なるランキングで、2年連続で1位を獲得したと聞く。

図書館は駅前のタワービルの中にあったのですぐにわかった。ガラス張りで見晴らしもいい。中央図書館だけあり中は広い。壁際には4人掛けの机席が設けられていて、学生が陣取っている。「わあ、川口市民に戻りたいわ」と思わず本音がでる。昔と違い、川口は輝いて見えた。

日曜だったせいか、いたるところに置いてある座り心地のよさそうな椅子やソファは満杯だ。雑誌コーナーには10人は座れる楕円形の大きなテーブルが2つ置いてあり、そのまわりに座って新聞を読んでいるのは、まぎれもなく高齢のおじさんだ。一瞬、ここはデイサービスかと思ったほどだ。

おじさんはとても似ている。まず、野球帽をかぶっている。着ているダウンの色は紺か茶だ。足元はスニーカー。年齢は60代後半から70代後半ぐらいが多い。

友達と連れ合って来ているおじさんはひとりもいない。おばさんの姿も2人ほどあったが、おじさんのテーブルから離れた席に座っている。

雑誌閲覧棚を見ると、さすがに中央図書館だけあり種類が多い。その棚の中で、すでに誰かが読んでいるだろう雑誌は、おじさんが好きそうな「文藝春秋」「正論」「週刊文春」「週刊新潮」「月刊Ｈａｎａｄａ」だったので、おかしくなった。

その日は休日で午前10時頃だったが、おじさんたちは、妻の邪魔にならないように、ここでひとりの時間を過ごし、何食わぬ顔で帰るのだろうか。

男性は孤独死しやすい

女性より男性の方が深刻

ＳＳＳの活動をしていると、「男性は入れないのですか」という質問をよく受ける。「すみませんが女性の会なので」と答えると、「男性のそういう会はないのですか」とさらに聞かれる。

全国を探せばあるのかもしれないが、わたしの知る範囲では聞いたことがないので、そのように答えるとがっかりした様子で、「では、男性はどうしたらいいのですか」と。

男性からの電話を受けるたびに、「ひとり」の問題は女性より男性の方が深刻だと思わされる。しかし、いくら男性のひとり暮らしの人の方が困っているとはいえ、わたしたちの民間団体でできることには限りがある。いくら必要と言われても予算や人材の関係上、できることは限られてくる。

冷たい言い方かもしれないが、ひとり暮らしの男性の老後を支える会が必要だと思うなら、あなたが始めればいいのだ。人にお願いするのではなく、自分の問題の解消は自分から始めればいいのだ。

わたしもSSSをひとりで始めた。現在は800人もの女性たちに支えられているが、最初はひとりだった。

男性のひとり暮らしこそ問題だ。孤独死しないようなネットワークが必要と思うなら、本人から始めればいい。

ただ問題は、男性は男性同士の団結力がない点だ。女性は世話好きでおしゃべりなので、すぐに仲間づくりができるが、男性は自分から話しかけたりするのが苦手な人が多いので難しいかもしれない。

これはわたしの持論だが、女性はお金さえあればひとりでも生きられるが、男性は女性がいないと生きられない。なので、男性から「ひとりでどうしたらいいのですか」と聞かれるとき、「結婚したらどうですか」と心の中で答える。

50〜60代の男性は孤立化しやすい

孤独死は、男性の方が圧倒的に多いことがわかる。令和元年の東京都監察医務院の東京23区を対象とした「東京都監察医務院で取り扱った自宅住居で亡くなった単身世帯の者の統計」によると、令和元年1年間の孤独死（自宅死亡の単身世帯の人数）は男性が3868人、女性が1686人で、男性の孤独死は女性の倍以上だ。

孤独死する男性の共通点は、近所付き合いがないこと、そして生活をおろそかにしていることだと考えられる。この2つは、孤独死しないまでも日本の男性の特徴ともいえることではないだろうか。

最近は、潔癖症の男性やきれい好きの男性も増えているようだが、現在いわゆるおじさんと呼ばれる世代の男性というのは、仕事中心の人生で、生活などに関心のない人生を送ってきた人たちといえる。

たまたま結婚でき、奥さんをもらうことができたことで、清潔にしてもらい、ご飯も作ってもらえただけで、ひとりで放っておかれたら、自分のご飯も作れない、洗濯もしない、そうじもしない、ゴミの出し方もわからない人になっていたのではないだろうか。

孤独死した男性を見ていても、離婚を機に、閉ざされたひとり暮らし生活に入った人が多いようだ。男性は、社会に生きているようで、実は、社会に生きていないということが孤独死の現場から見えてくる。

男性の思う社会は「会社」だが、本当の社会は「地域」であり、「家庭」なのだということを、早めに知る必要があるのではないだろうか。男性の味方をするわけではないが、男性と女性というのは、持ちつ持たれつ、助け合いの関係で成り立っているのかな、と孤独死のニュースを見るたびに思う。その関係が切れたときに、男性は、本当の社会に投げ出され、どうしていいかわからず、誰とも付き合わず、汚い部屋の中で息を引き取るということになるのではないだろうか。

最近「ひとりの老後」に関する講演会をよく頼まれるようになったが、そのときも「男性はどうしたらいいか」という質問を受けるので、わたしはこう答える。

「男性は奥さんを大切にね。奥さんに捨てられたら生きていけないわよ。どんなに意地悪されても我慢するのよ」。すると会場は大爆笑。わたしはさらに畳みかける。

「一番いいのは、あなたが奥さんより先に死ぬこと。健康に注意するのをやめて、揚げものをがんがん食べましょう。不運にも、奥さんが先に死んでしまったら、すぐに再婚するのよ。でも、たいした財産もないあなたをもらってくれる女性がいるかしら」

きつい一言をお許しください。男性はひとりになったら、孤独死しないまでも、孤立する可能性が高いので、まだ元気な今のうちから、炊事、洗濯、そうじの生活の基礎だけは身につけておきたい。生活が荒れていると生き方まで、心まで荒れてくる。「もう、どうでもいいや」と投げやりになったら、ひとりになっただけでつらいのに、生きていること自体がつらくなってくる。人生は限りがある。ひとりになったというだけで、そんなすさんだ生活をしていたら、もったいない。

できたら、女性のように、ひとりになっても自分の部屋に人を呼び、もてなせるような人になるべきだろう。そのとき、初めて男性が、本当の意味での社会人になるのではないだろうか。

長生きはしたくないけど

驚きの速さで進む高齢化

　国民の高齢化が社会問題として取り上げられて久しい。国際連合の報告書によると、「高齢化社会」というのは65歳以上の人口が全体の7％を超えることをいい、倍の14％を超える社会を「高齢社会」と呼ぶ。日本は1970年に「高齢化社会」に突入し、24年後の1994年には、「高齢社会」に突入した。そして2007年には21％を超える「超高齢社会」になった。令和3年版「高齢社会白書」によると、2020年10月1日時点の高齢化率は28・8％。今後の日本の高齢化については、次のような予測を示している。同資料より、そのまま引用したい（引用部分の西暦は、編集部による補足）。

65歳以上人口は、「団塊の世代」が65歳以上となった平成27(2015)年に3347万人となり、「団塊の世代」が75歳以上となる令和7(2025)年には3677万人に達すると見込まれている。

その後も65歳以上人口は増加傾向が続き、令和24(2042)年に3935万人でピークを迎え、その後は減少に転じると推計されている。

総人口が減少する中で65歳以上の者が増加することにより高齢化率は上昇を続け、令和18(2036)年に33・3%で3人に1人となる。令和24(2042)年以降は65歳以上人口が減少に転じても高齢化率は上昇を続け、令和47(2065)年には38・4%に達して、国民の約2・6人に1人が65歳以上の者となる社会が到来すると推計されている。総人口に占める75歳以上人口の割合は、令和47(2065)年には25・5%となり、約3・9人に1人が75歳以上の者となると推計されている。

ちなみに高齢化の速度を外国と比べてみると、高齢化率が7%から14%になるまで要した年数はドイツ40年、イギリス46年、アメリカ72年、スウェーデン85年、フランス126年。日本はなんと24年。どの国も高齢化は進んでいるが、ゆっくりと進んでいることがわかる。しかし、日本の場合は、驚くほどの速さだ。このスピードは、シンガポール（17年）、韓国（18年）、中国（23年）についで、世界4位の速さである（国立社会保障・人口問題研究所「人口統計資料集」2021年版より）。

若者の街、渋谷や青山はともかく、一般の地域を歩いているとお年寄りばかりだ。最近の中高年の服装は若いので、年齢をごまかされそうになるが、よく見ると、たいていが60代以上だ。顔の色つやは、どんなに化粧が上手でもごまかせるものではない。自分もそうなので人のことは言えないが、電車の中も週末のスーパーも、行楽地も年寄りだらけ。時代が時代なら生きていない年齢の人たちが、街を闊歩しているのを見ていると、「素晴らしい」というよりは、「どうなるの?」という気持ちにさせられる。

〝元気で長生き〟は誰もが望むところで、誰もこのことに反論する人はいない。でも、当たり前として使っているこの言葉〝元気で長生き〟を、じっくりと分析してみると、だんだん恐ろしくなってくるのも事実だろう。

なぜなら、人により違いがあるにせよ、90歳を超え、いえ100歳を超えて元気な人はいないからだ。元気に見える人はいても、芯から元気ではない。元気というのは、自分の足で歩き、自分のことは全部自分ででき、頭もしゃきっとしている状態のことを言うのだと思うが、90歳を過ぎて、その条件を満たしているお年寄りは稀だ。テレビのCMに引っ張り出される人ぐらいだ。いや、双子の100歳（1992年当時）で有名だったきんさんぎんさんだって、取材が終わったあとはぐったりしていたと聞いた。そうですよね。100年も使った肉体がぴんぴんだったら逆におかしい。

年をとるということは、死に向かっているのだから、元気なわけがない。元気に見えても細胞は確実に壊れ、中身はボロボロのはずだ。それが自然だ。わたしの口ぐせは「ああ、長生きしたくない」だが、問題は、命は自分ではどうすることもできない点だ。長生きしたかろうが、したくなかろうが、生まれてきてしまったら、あとは自然の神さまに委ねるしかないのだ。自然の神さまが「この辺で」と思えば、それまでだし、「もっともっと」と思えば、どんなに不健康な生活を送っていても、長生きするだろう。

命は自分のものでありながら、自分のものではないことを、年とともに感じさせられる。

日本人の寿命は約30歳も延びた

日本の平均寿命の年次推移を見ると、戦前は50歳にも満たなかったが、1947年には男50・06歳、女53・96歳と、50歳を超えている。2019年には男81・41歳、女87・45歳となり、どちらも過去最高を更新している（厚生労働省「令和元年簡易生命表」より）。

日本はまぎれもない長寿の国だ。老後や死について考えることもないまま、死んでいけたのはほんの半世紀前の話。結婚し、5、6人出産し、子育てが終わった頃ちょうど50歳ぐらいで生命を終えた。人生100年時代と言われる今、50歳になってもまだ50年も人生があり、しかも、あとの50年は老いていく50年なのだ。さらに「ひとり」で老いるというおまけまでつく。

「年をとるって悲しいわよ」と、30代の頃に、見るからに元気そうな80代の女性から言われたことを、時々思い出す。

まだ、自分が1度も体験したことのない未知の世界。老いは冒険だ。実際に80歳、90歳にならなければ、実感できないことがたくさん待ち受けているに違いない。どうやって壊れていくのか。長生きするというのは、それを体験することだとつくづく思う。「そんなこと考えるのはよそうよ。今がよければいいじゃないの」という生き方もあるが、先にしっかりと考えておいてから、今日を楽しく生きるという生き方の方が、わたしにはいいように思う。

孤独でなければ人生は深いものにはならない

孤独とどう生きるか

「おひとり死」をみじめではなく極上にする条件があるとしたら、それは「孤独」だということに尽きるとわたしは思っている。世間では、孤独は避けるもののように扱われているが、それは間違いだ。孤独はオギャーと生まれたときから、背中に張り付いているもので、振り落とすことはできない。

振り落とすときは、死ぬときだ。失われる身体とともに孤独もあの世に旅立つ。いつ死んでも驚かれない年齢になり、孤独とどう生きるかが、これからの問題だと強く感じている。

雑誌などの取材で「孤独にならないための方法を教えてください」と聞かれることが多くなり、そのたびに、どこから説明していいのか戸惑う。

取材者は、孤独はひとりぼっちで寂しい状況だと決めつけているので、まず、そこから説明しなければならないからだ。ひとりのわたしに対して「寂しくないですか」と言わんばかりなのにはほとほと閉口する。

先日も、30代の女性のライターから、この質問を受けたので、孤独には2つの面があることを説明させてもらった。

孤独とは、ひとりぼっちで寂しいという面と、ひとりは自由だという2面を持つ。孤独という言葉を使うときは、相手の理解度を確かめないと、なかなか話は進まない。

その30代の女性は、この時代に生きているのに、あまりにも保守的な考え方を持っているのには驚かされた。勉強はできるのだろうが、頭が自民党のように固い。孤独とともに生きる人は自立した人の証だとわたしは思うので、そう話をしたが、まったく頭に入っていない様子だった。

「孤独で寂しいと思うこともある。でも、わたしは孤独が好きだ」と言ったが、おばあさんのひとり語りと思ったのかもしれない。なんだかわたしが強がりを言っているようで、空しかった。孤独を理解している人というのは、孤立しているのではなく、社会とつながりながら、自分の時間を大事にする人なのだが……。わたしは「この国の未来は暗い」と確信した。

偉そうに言っているわたしだが、「ああ、生きるって寂しいなあ。生きている意味があるのかしら」と孤独地獄に落ちることも多々ある。寂しい自分に浸るのは簡単なことだ。「ああ、ひとりぼっちだわ」と嘆くのは簡単なので誰でもできる。しかし、寂しさを抱えながら上を向いて歩くのは難しい。

わたしは「孤独」という言葉と「ひとり」という言葉が大好きだ。険しい崖の上で、ひとり、すっくと立っている姿、それこそがわたしが追い求める理想の孤独像だ。

自分も日本人なのに、日本人の悪口は言いたくないが、「孤独」を理解している人がどれくらいいるのだろうか。

日本人は、孤独を避けようとして、より「絆」にすがる人が多いように感じる。絆とは、馬などをつないでおく綱のことなのに、「絆」が美化されている世間に、違和感を感じざるを得ない。

「在宅ひとり死」と「おひとり死」の違い

昨今、話題になっている「在宅ひとり死」だが、わたしが考える「おひとり死」とは、死ぬ場所に焦点をあてていない点から別物だ。わたしは、自宅死だろうが、出先死だろうが、老人ホーム死だろうが、そこに関心はない。

その人が孤独とともに、ひとりでどう生きてきて、死に至ったのか。つまり、生き方に最大の関心があるからだ。「こういう生き方をしていたから、見事なおひとり死ができた」、そこから、自分の生き方を見直したいと思うからだ。うまく説明できないが、わかる人にはわかると思うので、判断は読者のあなたにお任せしたい。

先ほど例にあげた30代のライターは、若いので孤独という言葉は知っていても、深く理解するところまではいっていないのだろう。わたしも30代のときは、自分の幸せばかり考えていたかなりのお馬鹿だったので、実は若い人を責められないのだ。

人間が他の動物と違い、およそ100年もの寿命を与えられているのは、その長い年月をかけないと「生きる」という意味を理解できないからだろう。

人にもよるが、「孤独」をしっかりと理解し、生まれたときから背中に張り付いている孤独と会話をできるようになるのは、老いと死が射程距離に入ったときかな、と体験からそう思う。

あまり、孤独の話をすると、人間嫌いみたいだが、わたしは決して人が嫌いなのではない。団体を運営していることからもわかるように、人が集まるのは嫌いではないし、むしろ好きだが、ベッタリが苦手なだけだ。近づきすぎないソーシャルディスタンスくらいの関係がわたしには合っている。コロナ禍で、人に会えない良さと物足りなさを痛切に感じさせられたが、そんなときは、人を求めるのではなく、鳥やお花としゃべるために河原に出向いて気持ちを整えることにしている。

孤独を味方につけて幸せになる

「ひとり」は寂しいか

日本人は孤独を嫌う民族なのか、ひとりでいる人を寂しいと決めつけるところがあるように思う。最近は言われなくなったが、わたしもよく「ひとりって寂しいでしょ?」と言われたものだ。

現に30代のときのわたしは寂しかった。まわりの人はほとんどが結婚して新しい家族をつくっているのに、シングルのわたしは相変わらずのひとり暮らし。同じシングルの友達はいても、その友達もすぐに立場を変え結婚し、あちら側の人となった。そして、この間まで励まし合っていた仲なのに、「ひとりで大変ね。寂しくないの?」と平気で口にするようになる。結局、傷口をなめ合っていただけの友達だったのだ。

思い返すだけでぞっとするが、30代だというのに、わたしは自分がどう生きたらいいかわからずにさまよっていた。9割以上の人が結婚する時代に、わたしだけがまだ人生の目標も定まらず、取り残された感は半端ではなかった。夫はいない、仕事はない、お金もない、ないないづくしの3点セット。わたしって何？　相当の馬鹿か？　自分を責める毎日。夜になるとわけもなく泣き、踏切を見ると吸い込まれそうな衝動にかられた。

見た目は派手だったが、いつも心はブルーだった。針で突かれたら、水があふれてペシャンコになる水風船のようだった。その孤独を埋めるためにつまらない相手と付き合っていたのもその時期だ。2人でいてもわたしの孤独は1秒たりとも癒されることはないのに、ダブルの形をとらずにはいられなかった。

みんな大人になると、現実的になるものだ。孤独な人生を避け、妥協して結婚する人も多い。いえ、孤独など感じないまま敷かれたレールに乗っていく人も多い。当時は、シングルの人が少ない時代だったので、現代とは社会背景がかなり違うが、当時の30代を振り返るとき、わたし以上に孤独な人もいなかったのではないかと思うほどだ。

そんな孤独地獄の中で、作家デビューすることができたのは、奇跡としか言いようがない。きっと孤独の神さまが、見るに見かねて助け舟を出してくれたのだろう。

40代、50代はありがたいことに仕事で忙しく、充実した日々を送っていたので、孤独のことを考えたことはなかった。住む家もあり、仕事もあり、多少の蓄えもできた。友達もいる。物書きを目指していたわけではないが、経済的にも自立できた。

孤独は避けるものではなく、友達にするもの

しかし、60歳の還暦を迎えたときに、また、封印していたあの孤独が顔を出し始めることになるとは、自分でも驚きだった。心に寂しい風が吹きだしたのだ。自立はしたが、今はいいが、もっと年をとっても、ひとりで堂々と生きていくことができるのか。ひとりの老後は甘くないのではないか。それを実感するようになり、また、それを見せつけるような現実にわたしは直面した。

自宅とは別に一時的にマンションを借りようとしたところ、不動産会社から断られたのだ。理由は、60歳過ぎのひとり暮らしだったからだ。頭を後ろから殴られるほどのショックを受けた。自分は自立しているつもりだったが、社会は認めていない。

子供がいないというのは、老いてからこういう目にあうのか。このまま年をとったら、どういう扱いを受けるのか。家族のいないわたしは、ひとりぼっちにされるのだ。いや、ひとりぼっちなのだ。

60代は、自分の孤独とどう向き合っていけばいいのかを探っていた。宗教の必要性も感じ、お寺にも通った。

そして70歳を迎え、ついに本格的にシニアに突入したときに、「孤独への恐怖」が「孤独を愛そう」という気持ちに変わった。ジョルジュ・ムスタキの『私の孤独』でも歌われているが、孤独を友達にしていくことに気づいたのだ。

そこに気づいてからのわたしは、自分でもびっくりするほど人を求めなくなった。昔はパートナーがいないことを寂しがったり、家族がいる人を見ると幸せそうに思ったりすることもあったが、今はまったくなく、むしろその逆だ。「ひとりでよかった」

と心から喜べる自分がいる。

女友達も同じだ。今現在、仲良くしている友達はいるが、生涯ずっと一緒とは思っていない。そうなればいいし、そうならなくてもいい。団体活動をしているので、いつも人のにぎわいはある。特に親しい人がいなくても、その程度の人間関係で十分だ。以前はあんなに身近に人を求めていたのに、今は「誰もいなくていい」という心境になった自分を褒めてあげたい。

また、人を求めなくなったら、他人に少しだけだが優しくなった。誰とも会わずに、音楽もかけずに、ひとりで静かに家にいると心が落ち着く。専門家によると、70代はもっとも体が安定するときらしいが、精神も同じように安定するのだと、体験から思う。

幸せかどうかは人ではなく、本人が決めること

ひとりは寂しい？　ひとりは自由？

「ひとりは寂しい」と思うか、「ひとりは自由で素晴らしい」と思うか。

わたしたち日本人は、「ひとりは寂しい」とどこかでインプットされ続けてきたため、ひとりの素晴らしさに気づかずに、人生を終えてしまう人が多い。わたしも時々、寂しさが顔を出して心が揺れることがある。

「ひとりが寂しい」と思う背景には「人を欲する」気持ちがあるからだろう。人を欲さなければ、ひとりでいても寂しいという気持ちは起こらない。

若いときに、やたらと寂しくなったのは、人を欲して人で心を埋めようとしていたからではないか。誰もいないこと、ひとりぼっちなことは、年を重ねるうちに、寂しさではなく解放感に変わる。その感覚は、その年になってみないとわからないことのひとつだろう。

人を「寂しい、みじめ」と決めつけるのは間違い

40代の頃、「ひとりなので老後が不安だ」と話すわたしが、人生の師から言われたことがある。その方は笑いながらこう言った。

「あらあら。あなたは、まだお嬢さんだからわからないのね。本当は、家族も親戚も身内がいない人が、一番幸せなのよ」

「どういうこと？」

心の中で反発すると、人生の師は笑いながら言葉を続けた。

「身内ほど面倒なものはないのよ。わたしの願いは、早くひとりになること。夫の母も見送り、あとは夫だけ。そのときが来るのが待ち遠しい。夫のことは尊敬してますよ。でもね、天涯孤独ほど自由で素晴らしいものはないのよ」

人間関係ほど面倒なものはない。切れない身内ほどしんどいものはない。せっかくのひとり身なんだから、「ひとり、自由に生きよ」と彼女はわたしに教えてくれた。しかし、そのときはまだ若くてまったく理解できずにいたが、今になるとその言葉の意味がよく理解できる。「人」も自分の人生を輝かせてくれるが、それ以上のものが「自由」であることなのだと。

わたしはこのとき、自分の固定観念を打ち砕かれた。高齢者だから、ひとり暮らしだから、病気だから、近所付き合いをしていないから寂しいと決めつけるのは、間違っていると気づかされたのだ。「人の不幸は蜜の味」というが、あなたには不幸に見えても、その人は不幸ではないかもしれない。いや、逆に人の幸福が気になるこちらの方が不幸なのかもしれない。

他人から見て、どんなにひどい条件であれ、本人が幸せなら幸せなのだ。幸せにはいろいろな形がある。条件で判断して「この人は寂しい、みじめだ」と決めつける方が間違いなのだと、わたしは心から反省した。自分の価値観で、人を見てはいけないのだ。そう、人のことはどうでもいい。自分のことに集中したい。

ドイツ人と日本人の「孤独」のとらえ方の違い

「人は孤独なのが当たり前」をわかっているドイツ人

当たり前のことだが、アメリカ、ヨーロッパ、アジア、アフリカと世界中どこの国の人でも、寿命に差こそあれ必ず老いる。今は肩で風を切って歩いている若者もやがては、見向きもされない老人に必ずなる。

しかし同じ老人になっても、国により大きな違いがあることを、わたしは、ヨーロッパでの老人福祉の視察のたびに感じさせられる。

これは単純に、狩猟民族と農耕民族の違いで済まされる話なのか。わたしには、日本人ほど孤独を恐れる民族はいないように思えてならない。

断っておくが、日本人のいいところは書き尽くせないほどあるし、外国に行くと日本の素晴らしい文化を誇りに思う。しかし、日本人ほど「自分」を持たない人たちはいないと、ヨーロッパに行くたびに痛感させられる。それと同時に、欧米しか見てきていないが、日本人ほど孤独を避けようとしている民族はいないのではないかと思う。

なぜ日本の老人は、寂しそうで、実際に寂しい暮らしを強いられているのか。外を歩くとき、地域で暮らしている老人を観察していると、皆さん、無表情で下を向いて歩いていることに気づく。

杖をついて買い物に行くのだろうか。歩いている老人に笑顔はない。暗い顔に暗い服装で、挨拶することもなく、ただ生きている。わたしにはそのように見えてならない。

「ああは、なりたくない」「老いるのはつらいなあ」と思わず口から出てしまう。

一方、ヨーロッパに行くと、公園のベンチに腰かけている老人はにこやかで、日本の老人のように寂しげではない。杖もついているが、皆さんニコニコしている。よき家族に囲まれて暮らしているからかと思いきや、たとえばドイツの場合だが、ほとんどの老人がひとり暮らしだ。

ひとり暮らしで高齢なのに、悲惨ではない。それはなぜなのか。自分なりに掘り下げてみたところ、先にも記した、「自分」を持っている国民と、「自分」を持たない国民の違いにたどり着いた。つまり、「自立している国民」と「自立していない国民」の違いだ。

「自立」と「孤独」はセット

わたしが視察で訪れた当時、ドイツでは、幼い頃から自分で考えて決断するように教育されていた。日本の場合、子供の進路を親が決めることが多いが、ドイツの場合は本人の決断に委ねられる。

ここ数年、少し変わってきているようだが、当時、ドイツではほとんどが10歳で進路を決めていた。管理職に就く人の多い総合大学へと進む「ギムナジウム（教育機関の一種）」、上級専門学校や専門大学への進学を前提とした「実科学校」、大学には行かない「基幹学校」のいずれかに主に進むよう決めさせられる。しかも大学とはいっても、その子の能力により進学する大学が決められるのだ。医者の子供が医者になれるとは限らない。また、ドイツやオランダでは、「18歳になると家を出て、ひとり暮らしをする」という慣習があるので、どんなに裕福で部屋数の多い家に住んでいる子供でも、18歳になると自立させられるのがほとんどだ。

つまり、ドイツやオランダでは、人間としての「自立」が早い。

このように早い時期から、自分の行き先を考え、決断し、自立して社会で生きなければならないので、孤独についても子供の頃から学び、身についている。ドイツでは「人は孤独なのが当たり前」という考え方を誰もが持つ。なぜなら、「自立」と「孤独」はセットだと知っているからだ。

人に委ねて自己決定することなく生きてきた人には、はっきり言わせてもらおう。自分を持たない自立していない日本人は、群れから離れて「ひとり」になることを恐れるが、自分で自己決定して生きてきたドイツ人は、「人間は本来ひとり」という認識なので、孤独をすんなりと受け入れて楽しんで生きているのだ。

ドイツ在住の友人に聞くと「ドイツでは、孤独だと嘆いている老人を見たことがないですよ。日本の老人は、『人間は本来ひとり』だということを、わかっていないんですね。日本人って、学歴が高くても、人生を学んでない人が多いですよね」と笑った。

孤独を避けて有料老人ホームに入ると、ますます孤独は深まる

「自宅で最後まで」は簡単じゃない

ひとり暮らしが不安になったら、有料老人ホームに入居しようと考えているシングル女性はとても多い。しかし、「ここならホテルみたいでいいな」と思っても、値段を見ると、「無理だ」とあきらめざるを得ないのが現実ではないだろうか。

高いですよね。親の遺産を譲りうけた人か、相当、節約して貯蓄してきた人にしか、許されない金額だ。しかも、数千万円という高額な入居金を払ったにもかかわらず、月々の管理費を十数万円近くもとるのだから、老人の弱みに付け込んだビジネスだと言いたくなる。

SSSの会員の方を見ていると、いくら元気で頭がしっかりしているといっても80代に入ると、衰えを自分でもはっきりと自覚するようになる。身体の衰えだけでなく、心も弱くなるのが普通だ。

「おひとり死」を豪語するわたしでさえ、風邪をひいただけで不安に襲われることがある。まだ、70代だからなんとかなるが、80代になったとき、今の精神状態でいられるのかまったくもって自信がない。老いは日ごとに襲いかかり、今より悪くはなってもよくなることはないからだ。本当に先を考えると暗くなる。

SSSの会員の場合、70代に入った段階で、先のことを考え、有料老人ホームに入居する人は多い。自立した彼女たちは、自立型の有料老人ホームを選ぶ。早めに入って楽しもうというのがその理由だ。つまり、人の世話が必要になる前に終の住処を確保しようということのようだ。

家族のいないおひとりさまにとり、自宅で最後まで頑張るのはそう簡単なことではないことがわかっているので、早めに安心な場所を確保するのは、賢明な選択ではあるだろう。

有料老人ホームはどこを見て決めるか

先日、80歳になる洋子さん（仮名）から住所変更のメールが届き、驚かされた。なぜなら、彼女は、人も羨む高級有料老人ホームの入居者だったからだ。わたしがまず思ったのは、こんなことを言ったら失礼だが、この有料老人ホームから退去するときの次の住所は「天国」なのにと。それが、5年住んだ有料老人ホームから、高齢者向けの住宅に転居したというのだから理解に苦しんだ。あんな素敵な有料老人ホームから退去するとはどういうことなのか？

理解不能なわたしが電話すると、快くいきさつについて話をしてくれた。

おひとりさまの洋子さんは、75歳で母親を見送ったことをきっかけに自分の老後のことを考え、最後の場所としてこの有料老人ホーム入居を決めた。しっかりした方なのは電話の受け答えでわかる。いろいろな老人ホームを調べ、評判も調べ、体験入居を何度もしてみて納得しての入居だった。

わたしが「それなのになぜ？」と聞くと、悔しい思いをぶちまけたかったのだろう。彼女は立て板に水のごとく話しだした。

「緑が多くて申し分ないところでしたよ。しかしです。『高原のホテルのような快適さで最後まで安心してお住まいになれます』だったはずが、まったく安心して住めるところではなかったのです」

安い老人ホームなら、そんなこともあるだろうが、ホテルのようなあの高級老人ホームが？　わたしは耳を疑った。

話によると、たとえば、入居者で、少々体が弱った人がいるとする。すると、すぐに要介護認定を受けさせてヘルパーに世話をさせるらしい。弱っているといっても、老化による体の弱り程度なのに、スタッフはまったく手を差し伸べないという。食事を運ぶことひとつしないという。世話が必要なら、自分でヘルパーを頼めということらしい。費用はもちろん本人持ちだ。

たとえば、骨折して入院先から帰ってきた入居者のときも、手を貸すことはなかったという。その理由を聞くと、「ここは自立型ですから」が言い分だったそうだ。そういうことが日常茶飯事だったので、ここにいたら、どうされるかわからないと恐怖を感じ、損を覚悟で退去したと洋子さんは語った。

このホームには「自立型」とは別に介護棟がある。それは、ひとつの安心材料のはずだが、現実は介護棟があるがゆえの弊害もあるのかもしれない、とわたしはこわくなった。他人に身を預けるとはこういうことなのか。もちろん、世の中の有料老人ホームには手厚く素晴らしいところもたくさんある。入居できて幸せな人もたくさんいる。しかし、洋子さんが経験したようなところがあるのも事実なのだ。

かわいそうなお年寄りの入居者をたくさん見てきた、と彼女は話す。認知症とまでいかない年齢相応の軽いボケだというのに、まだ居室で普通に暮らせるのに居室から介護棟に移動させられた人も見た。管理側は空き室にして儲けたいのだろう。

親の扱いに見かねて、親を自宅に引き戻す息子や娘の姿をよく見るらしい。しかし、子供のいる人は退去できるが、援護射撃してくれる人のいないおひとりさまは、従うしかないのだ。

「ここに決めたのは大失敗でした！」と彼女は語気を強めた。「ホームページやパンフレットに書いてある『高原のホテルのような快適さで最後まで安心してお住まいになれます』、この宣伝文句は何なのか！」。彼女は怒りをぶちまけた。

有料老人ホームを選ぶときは、環境がいいから、部屋が広いから、大浴場があるから、食堂があるからというハード面に目が行きがちだが、どういう人が管理しているのかが、一番大事だと、強調した。

入居体験のときに、大浴場で一緒になった入居者に「ここはどうですか」と聞いても、皆さん、管理者に知られるといられなくなるので、ほとんどの方が「いいところですよ」と答えるそうだ。

老人ホームを選ぶときは、建物ではなく、経営者の理念、人柄を見て選ぶというのは、いいアドバイスだが、そこまで見抜けるのか、それが問題だ。他人に身を預けるというのは、そこが高級であろうとなかろうと、管理者の命令に従うことなのかもしれない。本人は安心を買ったつもりでも、管理下に置かれるのだとわかって契約するのがいいようだ。

洋子さんは、老人ホームは、有名だからと、名前で選んではいけないと忠告する。入居者の多くは、家を売って入居しているので、嫌でも退去もできないからだ。

そういえば、かれこれ10年ほど前になるが、文字通りホテルのような有料老人ホームを取材させてもらったときに、感じたことがよみがえる。介護棟を見せてもらったときのことだ。スタッフが誇らしげに案内してくれたのを今でも覚えている。

しかし、居住棟と介護棟の間の重い扉の前に立ったとき、わたしは刑務所に入る扉のように感じた。認知症の人が出ないようにしているのはわかるが、とても気分が重くなった。

中に入ると、ほぼ全員がぼんやりと宙を見て座っていた。誰も会話をしていない。老人の人形がベンチに置かれているような光景だ。介護棟に移動させられたから症状が重くなっているのかもしれない。もし、この方たちが自宅で暮らしていたらどうだったのだろうか。安心を求めて老人ホームに入居すると、さらに孤独が深まるのを見て、わたしは悲しくなった。

全部が全部ではないが、老人ホームに入ったら、「おひとり死」はできそうもない。

4章　「おひとり死」を成し遂げた人から学ぶこと

ひとりの人生を貫いて生きてきたが……
――首都圏のマンションにひとり暮らし、友子さんの場合

花のような笑顔の人

友子さん（仮名）が亡くなったのは2019年、彼女が72歳のときだ。ちょっと早すぎる気がするが、彼女は誰よりも自分の人生を楽しみ、濃く生きた。

SSSでは2000年におひとりさま女性のための共同墓を建立したことから、共同墓利用を目的で入会する人が多い。ガン患者だった彼女もそんなひとりだ。年に1度、その年に亡くなった方を偲ぶ合同追悼会を行っているが、そのとき、声をかけてきたのが友子さんだった。

積極的な人が少ない中で、彼女が満面の笑みで近づいてきたとき、「なんて素敵な花

のような人なのだろう」と思った。すると、彼女は言った。

「松原さん！　わたし、ガン患者の友子です」

「ああ、入会申込書に『ガン患者の友子です』と書いていた方ね。そんなこと書く人いないので覚えているわよ。ガン患者の友子さんね」。彼女につられて明るく答える。自分から病名を言う人は稀なうえ、彼女にはまったく悲壮感がない。まるで、「わたし、2丁目のバーの友子です」と言っているような軽さだ。こちらもつい、笑ってしまったが、体のことを聞くと彼女はこれまた明るく答えた。

「松原さん、わたしね。いつ死んでもいい身なのよ」。ドキッとすると、彼女はさらに明るい顔で言った。

「だからね、わたし、毎日を思い切って生きようと思って。ほら、松原さんが、先の心配などしないで、生きている今を楽しむに限るって、いつも言っているでしょ。だから、わたしね、そうすることに決めたの」。そのことをわたしに伝えたくて、追悼会に参加したという。

「松原さん、わたし、ピースボートの世界一周の旅でアラスカからアルゼンチンまでの船旅を申し込んだのよ。3か月かけて地球を縦に下るの。費用は1000万円かかるけど、もういいと思って」

話を聞くと、この船旅だけでなく、アジアの船旅、地球を横に回る船旅など、家にいる時間がないほど海外に出かけていた。

知らなかったが、船旅は家にいるよりお金がかからないそうだ。また、ずっと船の中で過ごすので、簡単に友達ができるらしい。

子供とは絶縁状態

友子さんは既婚者で娘がいる。なんでも、結婚して10年後に離婚してから会っていないらしい。彼女はひとりで生活費を得るために働き続けてきたという。離婚してからの自立はそう簡単ではないが、小さな中古マンションを購入できるほど頑張ってきた。

「当初は大変だったけど、離婚は大成功だったのよ。離婚後のわたしの人生は右肩あがり。なぜなら、わたしは家族から離れひとりになったことで、自由を手に入れたからよ」

ガンが見つかったのは68歳のときだ。自覚症状がなかったため、9時間にも及ぶ手術が行われたときは信じられなかったという。しかし、幸運なことに、尊敬できる素晴らしいドクターと出会えたことで、前を向いて歩けるようになったという。

彼女の心の支えは、ドクターと、SSSで知り合った墓友だということなので、わたしはちょっぴりうれしかった。大人になってから友達をつくるのは、そう簡単なことではないからだ。

特に、ひとりで生きてきた人は、自分も含めてだが、自我が強いので、なかなか友達をつくるのは難しい。

亡くなるまでの経過について

そんな元気いっぱいの毎日を送っていた友子さんに異変が起きたのは、大手術をしてから3年目の71歳のときだ。急に腰が痛くなり受診すると、ドクターからガンの末期であることを告げられ、そのまま入院することになる。再発だ。恐れていた日がついに来たのだ。

1か月後、友子さんは退院するものの、体はどんどん悪くなる一方。しかし、わたしは追悼会で会って以来、彼女に会っていなかったので、彼女の様子を知るよしもなかった。

　そんなある日、彼女から、事務局を訪ねたいとの電話があり、約束したが、間近になると体調が悪いので延期してほしいとのこと。彼女は、マンションでひとり暮らしだ。体調が悪いというが誰か側にいる人はいるのだろうか。それとも、ひとりでじっとしているのだろうか。いてもたってもいられなくなり、わたしとスタッフは頼まれたわけではないが、翌日、彼女の家に向かった。

　わたしたちの団体は、おひとりさまの老後をよくする勉強会がメインで、身元保証人になったり、介護したりする会ではない。だから、会員の家に出向くことはない。しかし、友子さんの場合は、自然に足が向いた。

　ひとり者の場合、大きな病気になったとき、体調が悪いとき、果たしてひとりで暮らせるのか。それはわたし自身の問題でもあるからだ。

　最寄りの駅で何か欲しいものはないか電話をすると「コーラを買ってきて」と言われた。あとでわかったのだが、コーラしか喉を通らなかったようだ。マンションはすぐにわかったが、マンションの入り口で戸惑った。いくら部屋番号を押しても反応がないからだ。電話には出たのだからいるはずなのに、応答がない。

オートロックで入れない

わたしはこのとき、ひとり暮らしの現実を知ることとなった。具合が悪ければ、オートロックの解除ボタンを押すために柱まで行くことができないということを。普段は気にしたこともないが、体が弱るというのは、オートロックの解除も、自宅のドアを開けることも難しくなるのだ。

お世辞にもきれいとは言えない1DKのカーペットの上には大量の薬の入った袋が散乱していた。ものすごい量だ。サンタクロースの袋ぐらいある。

前向きで明るい印象だった彼女は姿を消し、すっかり病人になっていた。顔はパンパンに腫れていて別人のようだ。動くのもしんどそう。点滴によるむくみなのか定かではないが、太って見えた。あまり食べていないようだが、コーラを飲みたい気持ちがここでわかった。

部屋の中を見回すと、どかんと置かれた酸素吸入器が目に入った。誰かお世話している人がいるのだろう。その点はほっとした。

人と話すと誰もが元気になるように、わたしたちの訪問で彼女もよくしゃべる。しかし、おひとりさまの終活に詳しいわたしとしては、死んだあとの準備はしているのかが気になった。

　わたしたちの共同墓には入れるが、その前のことについて誰かにお願いしているのだろうか。病院で死にたいのか、自分のベッドの上で死にたいのか。死のカウントダウンに入った人に聞く勇気が出てこない。人のことと言えばそれまでだが、ひとり暮らしの場合、動けなくなる前に考えておかなければならないことはたくさんある。

　末期ガンを宣告されたのだから、遺言書は作っていると思うが……。最期を誰にお願いしているのか。それも気になる。しかし、あまり根ほり葉ほり聞くと、こちらが彼女の財産を欲しがっているように思われるので、難しいところだ。頼まれてもないのに親切にするには、限度がある。

「キャッシュカードの暗証番号は？　入院するにしても現金が必要よ。お金をおろしてきてあげましょうか」と本当は言いたいところだったが、詐欺師だと思われるのも嫌なので、やめた。きっと、誰かにお願いしているはずだと思ったからだ。ＳＳＳの会員なのだから、自分の終活はきちんとやっていると思いたい。

　ふと気になり、事務局に帰ってから、共同墓の個人票（死んだあとの希望を書くことができる欄がある）に何か書いてないか見てみた。するとそこには、「もしものことがあっても、絶対に電話をしてほしくない人は娘です。死んでも絶対に連絡をしないでください」と書いてあった。

遺言書を書いていない

わたしたちのセミナーでもおひとりさまの遺言書についてのセミナーは幾度となく開催してきたので、勉強する機会はあったはずだが、友子さんはあまり考えてこなかったように思えた。

「司法書士は呼んでいるのよ。いい人よ。書き方も教わっているけど……」。なんとものんきで驚く。きっと、こういう作業が苦手な人なのだ。わたしも同類なので気持ちはわかるが、死が近づいているのに、今やらないでいつやるの？　しかし、わたしは頼まれていないので、余計なお世話はしないことにした。

それから1週間後に在宅介護チームがつくられたと聞いた。彼女が、在宅でのおひとり死を希望しているからだ。訪問医、看護師、ケアマネジャーなどが彼女のケアにあたることになったと聞いたときは、ほっとしたと同時に遅すぎる気がした。誰が指揮をとっているのか気になったが、でしゃばるのはやめた。

在宅介護チームでこれからについて話し合う

その翌日に、彼女にかかわっている人、全員で「これからの相談」をするということで、わたしも参加することになった。そのときの友子さんは、わたしが会ったときよりもさらに弱っていた。あれだけおしゃべりしたのに、まったく話すことも言葉を発することすらできないほど苦しがっている。「ウーウー」とうなりながら枕に顔をうずめてもがいている。

小さな部屋に10人ぐらいが集まった。本人はもがいている。10人は相談している。訪問医の前で言うのは失礼かと思ったが、わたしが「入院させた方がいいのでは」と言うと、訪問介護関係の方たちは、在宅で看取ることは可能だという。老衰ならわかるが、本人は苦しんでいるのに家に置くの？　自分だったら嫌だ。いくら本人が在宅を望んでいても状況によるのではないだろうか。彼女と親しい人の話では、友子さんは在宅と入院の間で揺れていたという。つまり、具合がいいときは在宅と言い、具合が悪いときは入院というように……。

在宅介護関係の人を悪く言う気はないが、なんか変なプライドがあるなと感じた。自分たちがかかわったので最後まで自分たちでやりたいようにわたしには思えた。一番大事なのは、本人が楽にあの世にいくことではないのか。わたしは、たまらなくなり言った。「じゃ、今晩は、誰がここで彼女の面倒をみるのですか。この状態ではひとりにしておけないと思いますが」。誰の手も上がらない。「苦しむ友子さんをひとりにするのは無理ですよ。すぐに入院させてあげてください」。そして、翌日、入院させることで話がまとまった。

友子さんのかかりつけの大学病院だったので、彼女のことをよく知っていたようで、すぐに入院の調整をしてくれたのは幸運だった。翌朝、介護タクシーが来て病院まで送るところまで段取りができたが、病院に着いたとき誰が引き取るか。そこでまた話し合いになった。翌日は平日なので、みんな、仕事や用事があるらしいので、わたしがやるしかないと思い、手をあげた。

誰が彼女に付き添うのか

翌日、ＳＳＳの事務局スタッフと2人で病院の玄関で介護タクシーの到着を待った。

「いい勉強になるわね」とスタッフは言った。「そうよね。これは他人事ではなく、自分たちのことよね。ひとりで死ぬということはどういうことか……」。担架に乗せられた彼女が車から降ろされた。それから先は、わたしたち2人でやらねばならない。

かかりつけ病院だったので、血縁ではないわたしが入院手続きをしても問題がなかったのはよかった。病室まで付き添った。主治医の説明を受けたが、その説明はあまりにもあっけなくて、驚かされた。

「今晩か明日ですね」、それだけだ。そして、看護師数人を従え、突っ立っている。どうも、彼女の主治医だったドクターではなく、新人の先生だったので、彼女のことを知らないようだった。

わたしたちはまだウーウー言っている友子さんに「さよなら」を言うと、すでに夕方になっていた外に出た。それにしても、ひとりで死ぬと言っても、誰かの手を借りないとならないことを身に染みて感じさせられる体験だった。

「病院に入れて本当によかったわね。在宅なんか無理よ。しかし、朝からお互いにご苦労様でした。でも、ちょっといいことしたから気分がいいわね。一杯飲んでいく?」

わたしとスタッフは意気投合し、大好きな「鳥ぎん」で、やきとりとビールで乾杯した。友子さんの訃報の着信に気づいたのは家に着いてからだった。彼女は、ちょうど、わたしたちが乾杯している時間に、息を引き取ったようだ。

最後の数日は苦しかったかもしれないが、友子さんは管につながれることもなく、病院に搬送され、ひとりの人生に幕を下ろすことができた。海外を旅して好きなように暮らした友子さんに思い残すことはなかったはずだ。

子供には知らせないでと言っていたが……

しかし、残念なことがある。友子さんの「死んでも子供には知らせないで」の要望がかなうことはなかったからだ。どんなに絶縁状態でも子供には相続権があるので、病院から子供に連絡が行く。そこには、いくら本人の希望とはいえ、友達が入る余地はない。彼女が遺言書をきちんと書いておかなかったための結末だった。

しかし、わたしはひとつ思ったことがある。「娘には絶対に知らせるな」と言っていたし、個人票に書いてもいたが、本心だったのかどうかと。心のどこかで、娘に相続させる気持ちがあったから、いよいよになっても遺言書を作らなかったともとれる。

本人の真意はわからないが、子供のいる人は、もし、本当に子供に遺産をあげたくないなら、遺言書を書かないといけない。いろいろ考えさせられる友子さんのおひとり死だった。

思い通りの「おひとり死」にならなかった原因とは

1 遺言書を書くのをあと回しにしていたこと

未婚の人はもちろんだが、子供がいる人でも、自立して生きた人は、遺言書を書いておくべきだ。友子さんのように子供と絶縁状態であっても、遺言書がなければ、法定相続人のところに遺産はすべて行くことになる。未婚の人の場合も、いくら兄弟と犬猿の関係だとしても、父母や祖父母が亡くなっていたら、あなたの遺産は兄弟に渡る。しかし、遺贈先に兄弟の名前のない遺言書が書いてあれば、兄弟には遺留分がないので、兄弟には渡らない。

おひとり死を希望する人は、自分の意思を大事にする人だと思う。遺言書は自分の最後の意思を示すものなので、とても重要だとわたしは経験から思う。誰に遺産を遺贈するのかは、自分にとり大事な人は誰なのかを自分に問う作業でもある。また、遺言書は残された遺族のためでもある。友子さんの場合は絶縁だった子供に病院から連絡が行き、死後のことは子供によって行われた。友達やお世話していた人はその時点で部外者なのだ。だから、もし法定相続人ではない大事な人になにがしか残したいと思うなら、今すぐに、遺言書を書くことをお勧めする。

そのうちそのうちと言っているうちに、書類を見るのも嫌になる年齢になるので、まだ、頭も気持ちもしゃんとしているときに、書いておきたい。体の具合が悪くなってからでは、遺言書どころではなくなる。そんなことより、今の苦痛を取り除くことで精いっぱいになるからだ。

元気なときこそ、遺言書を作成する。これは財産のあるなしに関係ないこと。自立した人が最後にやっておくべきことではないかとわたしは思う。

わたしもコロナ禍で、初めて遺言書を書いてみたが、なかなか難しかった。これまで少しは遺言について考えてきたつもりだが、本気になって考えだすとわからなくなり、書き上げるのに3日もかかった。遺言書は何度でも書き換えられるので、最初は軽く考えて書いてみるといいだろう。大事な人が誰なのかを整理する意味でも書くことはいいと思う。

2 近くに住む信頼できる人がいなかったこと

遠くの親類より近くの他人という言葉があるが、これは本当だ。いくら信頼できる姪甥がいても、遠くに住んでいたら頼れない。それをわたしは見させてもらった。おひとり死とはいえ、誰の手も借りずにあの世にいけるわけではない。そういう幸運な人もいるが、老いた果てにおひとり死するときは、行政の人でも地域包括支援センターの人でもケアマネジャーさんでも隣人でも、友達でも、世話をしてくれる人が必要だと友子さんを見ていて思った。

いくら親友でも電車に乗って来る距離に住んでいる友達に頼るのは難しい。遊びのときはいいが、最期のときは、歩いて来られる人にお願いするしかない。そして、その人と信頼関係をもち、遺言書に少しでもいいので遺産をあげると書いて、本人に知らせておくといいだろう。それは司法書士などの専門家でもいいように思う。とにかく、誰かひとりを決めて相手の合意を得ておくといいだろう。ひとり者こそ、信頼できる人が必要だ。

3　現金10万円を枕の下に置いておかなかったこと

わたしが友子さんと関わらせていただき、つくづく思ったことは、具合が悪くなってからの対処では遅いということだ。「バナナが食べたい」「お弁当を買ってきて」とお願いしたくても、現金がなければお世話する人に負担を与えることになる。

現金10万円ぐらいは、普段から枕の下に置いておくといい。現金があれば、お世話してくれた人に、頼みやすい。万が一、タクシーで病院に行くことになったときも、枕の下から出せるので、お財布を探す手間もないので楽だ。10万円の現金を手元に置くよさは、なにも具合が悪くなったときに有効なだけでなく、強盗に入られたときも、10万円入りの封筒を渡せば、相手は退散する。

4　鍵を信頼できる人に預けてなかったこと

最近、マンションの玄関は防犯のためのオートロックがついているのが増えてきた。オートロックが解除されないと、人が入れないようになっているのはいいのだが、緊急のときは、このオートロックが邪魔をすることになる。

友子さんがオートロックを解除しない限り入れなかったからだ。大事な人に鍵を預けるのがいいと言いたいところだが、人に鍵を預けるのは難しい面もある。

アハハと笑って、見事に去っていった人
――東京下町の戸建てでひとり暮らし、冨美子さんの場合

独身女性を馬鹿にするな

冨美子さん（仮名）は、SSSの会報誌「スマイル通信」だけを購読する購読会員だ。共同墓の申し込みはしているようだが、顔はわからない会員だ。確か10年ほど前のことだ。当時70代後半だった冨美子さんから突然の手紙をもらい、開けると、「遺産を寄付したいのでSSSの登記簿を送ってほしい」との内容が書いてあり驚いた。こちらとしては、顔も知らない会員から寄付をもらうわけにはいかないので、とにかく事務所まで来ていただくようお願いした。

すると、後日、電話があり、こう言うではないか。

「あのね。あたし、あんたに会わなくたっていいのよ。それにね。あたし、あんたのところまで行くのが面倒くさいのよ」。下町のおばさん風のしゃべり方だ。なんだか懐かしい気さえする。彼女は話す。

「あたしね、女性のための共同墓を作ったっていうあんたの記事を新聞で読んでね。それでね。この人なら大丈夫だって思ったのよ」

会ったこともないわたしを信用するとは。でも、わたしはどちらかと言うと、ごちゃごちゃ言っている人よりも、カンで決めるタイプの人の方が好きだ。彼女は言葉を続けた。

「あんたさ。細身で中背だろ。体型見ればわかるんだよ。あんたは長生きする。だから、あたしより先に死なないから、あたしをちゃんと見送ってくれると思ってね」

思わず笑ってしまったが、そんな心意気の人なのだ。とにかく、1度お会いしたいので事務所に来ていただくようお願いし電話を切った。

どんな方が来るのか、事務所で待ち構えていると、想像通りというかなんと言うか、一言でいうと長谷川町子さんの漫画に出てくるいじわるばあさんのような方だった。白髪交じりのおだんご頭に、つっかけでも履いてきたかのような服装。嫌々来たようだが、顔はとてもにこやかだ。

それが冨美子さんとの初めての対面だった。

下町出身の冨美子さんは、先天性の心臓病を持っていて、27歳のときに東大病院で大手術を受けたが、そのとき主治医から「30歳までは生きられない」と宣言され、それを聞いた母親はその場で卒倒したという。

国の外郭団体に就職して特殊な業務を行っていたことから、よくある肩たたきもなく、定年まで働くことができた。

「職場はいい人ばかりだったのよ。だから働くのが楽しくって。今でもずっと付き合っていて、本当にいい人たちよ」

新人の頃は、年上の女性（お局さん）にいじめられることもあったそうだが、「どうせ、あの女《ひと》はそのうち退職するんだから」と平気だったと笑う。

しかし、職場環境や職場の人には恵まれたが、身内には恵まれなかったと冨美子さんは語る。兄弟は、独身の妹を馬鹿にして、妹のお金は自分たちのお金と言ってきたというのだから驚く。

「お前の通帳見せろ」と高圧的な態度に、何度、彼女は頭にきたかしれない。こういう話を聞いて、いつも思うのだが、兄弟仲がいいのは、親の元にいるときだけの話だ。それぞれが家庭を持つようになると、関係は違ってくる。特に男性は、嫁をもらった時点で変わる。ＳＳＳの会員に聞いてみても、兄弟とは絶縁している人が多い。相手からすると、独身で仕事をしていると、気楽に生きているようで、それだけで憎たらしいのかもしれない。子供もつくらず遊びほうけているように思うのかもしれない。まったく、身内とか兄弟というのは、土足で人の家にあがってくるから、どうしようもない。全部が全部とは言わないが、兄弟なんてそんな美しいものではない。

彼女も言う。特に兄嫁はお金の亡者で恐ろしい存在だと。本来、義父の面倒をみるべき立場にあるのに、老いた義父の世話は一切せずに、独身の彼女にやらせたくせに、父の通帳は取りあげたという。

「ひどいでしょ。あたし、あの人たちからひどい目にあっているのよ」。当事者ではないかのように笑いながら話す冨美子さんだ。退職したときは、自分が死んだら兄弟、甥や姪に１０００万ずつあげるつもりでいたが、あまりの仕打ちに彼女の心は変わったという。

「あんたもわかると思うけど、ひとり者なので、年をとったらお金が頼りよ。お金のない年寄りはみじめよ。それでさ、コツコツ貯めてきたのに。あの人たちは狙ってるのよ」

彼女は軽蔑の笑顔を見せた。

ひとりで老いても孤独とは無縁

それから何か月か経ったある日、寄付のことはともかく、冨美子さんの家を訪ねた。彼女は兄弟と戦いながら、どんな生活をしているのか、この目で見たくなったからだ。わたしの取材魂がうずいた。

戸建てといっても2階建てのカステラみたいな小さな家だ。この辺りは家がひしめき合っている。ガラガラと扉を開けると、そこがキッチン。モノに関心がないと言っていたが、本当に何もない。お金を使わず生きてきた人らしく、出された湯飲みは、町内会かどこかでいただいたものだ。お茶も出がらしだ。手土産で持参したクッキーがなんだか浮いて見える。「あんた、こんなの買ってきたの。いいのにさ。あたし、歯が悪いから、あんた、持って帰りなよ」というので持ち帰ることに。

まるで警察官のように隅々まで見るわたし。この小さな家も、彼女がコツコツ働いたお金で建てた家なのだ。この家も兄嫁が狙っているのか。相続したら売却するつもりだろう。2階も見たかったが、やめた。

退職してからの冨美子さんは、昔の職場の友達もいるし、趣味のカラオケの友達もいるし、町内会のお手伝いもしているし、毎日が結構忙しいらしい。それは、彼女のにこやかな表情からわかる。彼女も言っていたが、兄弟には恵まれなかったが、他人には恵まれたと笑う。

おひとりさまの団体をやっていると、「病気になったらどうしよう」「認知症になったらどうしよう」とそんな不安ばかり言う人を多く見る。しかし、彼女は80歳目前なのに、しかも持病があるのに、しかもしかも、兄弟にいじめられているのに、明るい。それは、「ひとり」を特別なこととしてとらえずに、自分の人生を楽しんでいるからではないのか。時々、人間関係のことで死にたくなるわたしより前向きだ。それもすごく自然体で暮らしている。今気づいたが、マンションではなく、周囲の人との交流がある戸建て住まいだからかもしれない。

それからは、思い出したときに冨美子さんに電話して安否確認を勝手にさせてもらうようになった。

「元気？」と聞くと「あんたこそ、元気じゃないと困るわよ。あたしは、もうすぐ死ぬからさ」と電話するたびに言うのでわたしも負けずに言い返す。

「冨美子さんさ、死ぬ、死ぬ、死ぬって毎回言ってるけど、ぜんぜん、死なないじゃない」。これがわたしたちの定番の会話だ。

そんなやりとりをしていたある日、彼女から病院に入院するという電話が入った。

「入院に付き添いましょうか」とわたしが申し出ると、大嫌いな姉に入院の保証人になってもらったから大丈夫という返事だったので、安心したが、嫌いでもこういうときは身内に頼むしかないのがひとり者のつらいところだ。

「姉はね。わたしが死ぬのを待っているのよ。お金が欲しいだけなのがありありよ。わたしね、姉に100万円渡してお願いしたのよ」

その気持ちと対応はわかる。お金は、こういうとき使うものだ。しかし、姉に頼んで正解だったのか、気になった。

「あんた、ひどいものよ。うちの姉も金の亡者よ。入院するときもわたし、ひとりでタクシー呼んで行ったのよ」

「えっ、100万円もらったら普通、家まで迎えに行くでしょ」

帰りも病院の玄関に突っ立っているだけで、中にも入らなかったと話した。SSS事務局に一言言ってくれれば対応したのにと思ったが、彼女なりの遠慮もあったのだろう。

実は、入院を知ったあとに、わたしはこっそり面会に行ったのだが、身内ではないという理由で受付で断られた。身内って一体なんなのだろう。病院も杓子定規だこと。冷たいこと。この日本の悪しき慣習はやめるべきだ。ひとり者に身内を求めるなら、わたしが入院するときは、わたしの大事なひとり娘の美人猫を連れていこうか。

入院したと聞いたときは、正直、ドキッとしたが、検査だけで手術するようなことではなかったようでほっとした。

公正証書遺言を10回も書き換え

実は冨美子さんは公証役場では、ちょっとした有名人だった。兄弟にひどい目にあわされていた彼女は、何度も公正証書遺言の書き換えのために公証役場を訪れていたからだ。1度や2度の書き換えはあるとしても、10回は、彼女をおいてめったにいないだろう。彼女が、SSSに寄付したいので登記簿を送ってほしいと言ってきてからも、何度も変えたようだ。

皆さまもご存じのように、未婚で子供のいない女性で、父母や祖父母が他界し、兄弟がいる場合、遺言書がなければ、遺産は兄弟に相続されることになる。しかし、遺言書があり、そこに兄弟の名前を書かなければ、法律的に兄弟には遺留分がないので、自分の思い通りの人に遺産をあげることができる。ひとり者で兄弟がいる場合、しかも、兄弟にはあげたくないときは、遺言書を作っておく必要があるのだ。

だから、兄弟にあげたくないときは、そういう遺言書を作ればいいのだ。10回書き換えたのは、退職してからの彼女の心模様を明確に表しているのではないだろうか。

わたしも同じだが、人の心は変わる。わたしも「仕事でお世話になった人にあげよう」と思ったり、「いや、やめよう」と思ったり。「老いて自由に外出できなくなったときに手伝ってくれた人にあげよう」と思ったり、コロコロ変わる。だから、彼女の10回書き換えの気持ちはわかる。しかし、これは案外楽しい作業でもあるのだ。

「誰にあげるか」を頭において生活していると、大切にするべき人が見えてくる。そして、その人が身近な人でないことにも気づいたりもする。皆さまにも、この趣味を伝授したい。今、気づいたが、冨美子さんはいつも「誰にあげるか」を考えながら生活していたので、毎日が充実していたのではないかと思われる。なぜなら、それは自分の人生においての大事な人を考えることでもあり、感謝の念をもつことでもあるからだ。

最後は誰に残すか。これはひとりの人に限らず、誰にとっても人生、最後の大仕事ではないだろうか。

80歳を過ぎた冨美子さんが言っていたが、最初の頃は兄弟の名前があったが、書き換えているうちに、兄弟の名前は完全に消えたと。

「兄弟はてっきり、もらうつもりでいるからさ。ふたを開けたら、びっくりするわよ。アハハ。驚く顔が目に浮かぶわ」。まるで、兄弟戦争ゲームでも楽しんでいるように笑う。

2017年の暮れに、しばらく彼女に電話していないことに気づき、電話を入れた。こういう電話は結構気を遣う。あまり頻繁に電話をすると、死ぬのを待っているように思われても困るからだ。

「どうしているかと思って」と言うと、彼女は相変わらずのいじわるばあさん調で

「あんた、あたし、まだ、死なないのよ」と大笑い。彼女はいつも笑っている。戦う相手がいると頭がしっかりするのか、少しもぼけていない。

年が明けると、冨美子さんの代理人という司法書士から1本の電話が入った。胸がドキッとした。先週、亡くなられたという。白い幕がスーと降りた気がして、寂しさがこみあげてきた。

30歳まで生きられないと言われた人が85歳まで生きた。兄弟にいじめられながらも、屈することなく、それを逆手にとって自分の人生をおもしろいものにして生きた冨美子さん。どのように亡くなったかは代理人は知らないというが、わたしの推測では、元気な声で電話で話してから1か月後の死だったので、心臓発作で、一瞬でこの世を去ったような気がしてならない。あっさりと「さよなら」と笑いながら去ったに違いない。人は生きたように死ぬと言われている。小さな家、質素な暮らしだがいい人間関係をつくっていた冨美子さん。冨美子さんは、望み通りに嫌な兄弟に看取られることもなく、ひとりでパッと逝ったのだ。

代理人の話によると、葬儀は異様だったという。遺言書により遺産が一銭ももらえない兄弟たちは憮然とした顔で並んでいたという。

今頃、冨美子さんは天国で笑いながらこう言っているに違いない。

「アハハハハ、このゲームの勝者はあたしよ。バイバイ」

彼女が作った最後の遺言書で、ＳＳＳにも寄付が代理人から送金された。遺言書のコピーを見せてもらったところ、ＳＳＳの名前が一番目に書かれていて、熱いものがこみあげてきた。

いじわるばあさん、ありがとう。ＳＳＳはあなたにいただいた寄付で、コロナ禍でも解散することなく、運営を継続することができています。そして、冨美子さんの読み通りに、わたしはまだ生きています。しかし、もう細身ではありません。

極上の「おひとり死」、成功のポイントとは

1　身内には頼らないと決めたこと

子供のいないひとり者の人は、兄弟、甥姪を頼りがちだが、冨美子さんは違った。自分に冷たくした兄弟に愛想をつかし、兄弟は気づいていないが彼女は兄弟の縁を切った。その気持ちにふらつきがなかったのが、見事なおひとり死を成し遂げる原動力になった気がする。老いてくると、弱気になりがちだが、どんなことがあっても身内に頼らないという覚悟が彼女の心を強くしたのではないだろうか。

おひとり死に関しては、何が大事かというと、それは、もちろん信頼できる人がいるのは素晴らしいことだが、他者の問題ではなく、自分の覚悟の問題だと、冨美子さ

んを見ていてそう思った。

「あんたになんか絶対に頼ってなるものか」という他者に依存しない決心と言ったらいいだろうか。老いも死もひとりで受け止めるという決心だ。「老いて自分のことができなくなったらどうしよう」と不安がるのではなく、「じょうだんじゃない。ひとりで這ってでも頑張る」という強い覚悟で、見事なおひとり死をすることができたように思う。

2 きちんと公正証書遺言を作っていたこと

皆さまもご存じのように遺言書には3種類あるが、わたしたちが一般的に作成するのが自筆証書遺言と公正証書遺言だ。自筆証書遺言とは、紙とペンと印鑑があれば作成できる自分で書く遺言書のことだ。これは、書くのは簡単だが、実行されるのが簡単でないという欠点がある。遺言書を見つけた人に破棄されるかもしれない。自筆証書遺言を発見した場合、発見者は勝手に開封してはいけない。発見者が勝手に内容を書き換えるなどのトラブルを防ぐために、家庭裁判所で「検認」という手続きを受ける必要があるのだ。ただし、自筆証書遺言でも、法務局に預かってもらう制度を利用した場合は、検認を受ける必要はない。また、自筆証書遺言の場合、日付の新しい方が優先されるので、遺言書を預かった人も、それが最終遺言書とは限らない。

いろいろな方のケースを見てきたわたしからのお勧めは、特にひとり者の場合は、自筆ではなく公正証書遺言を作成することだ。これは公証役場に出向き、公証人に遺言書を作成してもらうやり方だが、原本が保管されるので失う心配も破棄される心配もない。多少お金はかかるが、それは財産の金額にもより、たいした額ではないのでお勧めしたい。

冨美子さんは、70代の早い時期から公正証書遺言を作成していた。そして、本人の心変わりとともに、遺言書を書き換えていたのだ。書き換えると、そこでまたお金が発生するが、彼女は10回は書き換えたというのだから、どれだけ迷い、決断したのかがよくわかる。

最初のときは兄弟にいじめられてはいたものの、兄弟にほとんどを相続させるつもりだった。しかし、あまりのひどさに彼女は、兄弟の相続分を削っていく。寄付する団体も変わっていったようだ。そして、途中から兄弟にはゼロ。あとはNPOなどの団体への寄付と変えたようだ。

最終的には、3団体に寄付し、残りはすべて親友の女性に遺贈されるようになっていた。これが冨美子さんの答えだった。そこに身内の名前は1行もなかった。

3 孤独ではなかったこと

ひとり者というと孤独とセットでとらえられがちだが、そんなことはない。子供がいないから寂しいという人もいるが、世の中はそんな人ばかりではない。冨美子さんが、「身内には恵まれなかったが、他人には恵まれた」と言っていたように、彼女の日常は楽しそうだったことからも、そのことがわかる。鬼のような兄弟がいたからこそ、余計に他人を大事にしたのかもしれない。若いときからずっとお付き合いがある人たちがいるというのは、どれだけ幸せなことかしれない。

未婚の彼女だが、下町という土地柄もあり地域密着型の生活が、ひとりぼっちの老後にさせなかったと言っても過言ではないだろう。ひとり暮らしの方の中には、マンションの部屋に入ったきり、隣の人とも近所の人とも付き合わない人が多いが、彼女の扉はいつも開かれていた。「おひとり死」というと、亡くなったときの状態に目が行くが、わたしは「亡くなるまでの生き方」こそが「おひとり死」なのだと思っている。

ひとりで死んだから「おひとり死」ではなく、ひとりを見事に生ききったから、「おひとり死」なのだと。どこからか、冨美子さんの笑い声が聞こえる。

5章　おひとり死を成功させるための人間関係

身内とは距離を置く

家族がいても孤立する危険性はある

ひとり暮らしをしている人が、ひとり者とは限らない。高齢でひとり暮らしをしている人の中には、家族のいる人も多い。結婚して家族をもった当初の頃に、自分が老いてひとりになると誰が想像しただろうか。人生は山あり谷ありで、本当に終わってみなければわからない。

自分の家族をもてなかったわたしからすると、関係がどうであれ、家族がいるだけで幸せに思えるが、家族とはいえ、人と人。必ずしもうまくいくとは限らないのが難しいところだ。血がつながっているというのは、いいようで悪い。

うまくいっているときはこれほど強い絆はないが、ひとたび歯車が狂うと、泥沼化する場合が多い。それは、他人同士の争いの比ではない。

先日、ヘルパーを派遣する法人の事務の仕事をしていて、自らもヘルパーとして働いている女性から、こんな話を聞いた。

ヘルパーは見た！

都会の一軒家に住む76歳、和夫さん（仮名）のケース。和夫さんはひとり暮らしで、最近は糖尿病で家のことができない状況になっている。布団は敷きっぱなしだ。そこで、地域包括支援センターから派遣されたケアマネジャーが、彼のためのプログラムを介護保険の適用範囲内で作成、家事のヘルパーの派遣が決まった。

驚いたことに和夫さんは、身寄りのないひとり暮らしの人かと思いきや、奥さんがいた。しかし、長い間、別居状態らしい。

和夫さんには兄弟もいる。しかし、兄弟はたまに様子を見にくる程度で、何もせずに帰る。身内はいても、ほとんど行き来のない和夫さんの生活だ。部屋の中は荒れ放題。食事さえ満足に食べていない。しかも病気をもっている。

しかし、ヘルパーさんが来るようになってから、彼の生活は明るいものとなった。また、派遣されたヘルパーさんは、とても明るい人だったのだ。

「お風呂を洗っておいたから、ちゃんとお湯を張って入ってね」という元気のいいヘルパーさんの声に、うれしそうに応える和夫さん。コミュニケーションがいかに、人を元気づけるかがうかがえる。週に3日、たった1時間だけだが、彼にとっては救いの時間だった。

その日はヘルパーさんが和夫さんの家に行く日ではなかったが、ちょうど家の前を通り過ぎたときに、玄関が少し開いているのが気になり、ヘルパーさんは引き返し、声をかけた。

「こんにちは。いるの？　玄関開けたままにしていちゃだめだよ。いるの？」

返事がないので、そっと上がると、和夫さんは寝ているようだった。

しかし何か様子が変なので、彼の側まで行き確認してみると、和夫さんは亡くなっていたのである。

ひとり暮らしの男性にありがちな死に方だが、ある意味、苦しまずに死ねたのは幸せだったかもしれない。また、最後の数か月間だけだったが、ヘルパーさんという白分を気にしてくれる人との交流があっただけでも、彼はラッキーだったのではないか。

　ところが、孤独死といえるような人間関係の薄い寂しい暮らしをしていた和夫さんだったというのに、身内により立派な葬式が執り行われたのには、ヘルパーさんも驚いた。

「生きているときはあんなに寂しい生活をしていたのに。この立派な葬式は何なのか。こんな葬式なんかしなくていいから、和夫さんが生きているうちに、みんなが集まって、賑やかにやってほしかった」。ヘルパーさんは悲しくなった。

　家族がいても、よい関係が保てなかったら、家族がいないのと同じだ。家族だけが人間関係ではないが、寂しい最期を迎えたくなければ、善き人間関係をつくっておく必要があると、この話を聞いたときに、わたしは思った。

　人付き合いを面倒がる人が増えている昨今だが、ひとり暮らしの人は、自分から挨拶をして、軽い関係でいいから人間関係をつくっておかないと孤立した寂しい人生を送ることになり、最期は、誰にも発見されずに数か月ということになりかねない。

　ヘルパーさんだけが、唯一の話し相手という人間関係では、寂しすぎる。

近所のお付き合いは必要だ

家族はもっとも身近な福祉

緊急のときに頼りになるのは、なんといっても家族だろう。普段はどんなに仲が悪くても、倒れたあなたを放っておく家族はそういない。家族は、「もっとも身近な福祉——福祉の原点」というのが、私の考え方だ。

家族が円満なことに越したことはないが、家族は、楽しい時間を共有するために存在するのではなく、困ったときに助け合うための存在と言ったら、言いすぎだろうか。

病気、介護、臨終……そんなときの家族だ。まず、家族福祉があり、社会福祉がある。

ただ、昔の大家族の時代と違い、昨今の家族は構成人数が少ないうえに、ばらばらに住んでいるので、その家族福祉が機能していないのが問題だ。

未婚でひとりで生きるのも、既婚で子供もいるが世話になりたくないからひとりなのもいいが、家族という福祉なしで老いを迎えるには、かなりの覚悟が必要だろう。

厚生労働省が発表している「国民生活基礎調査」(「世帯構造別、世帯類型別世帯数及び平均世帯人員の年次推移」)によると、2019年6月時点の全国の世帯構造では、「単独世帯」が全世帯の28・8%でもっとも多く、次いで「夫婦と未婚の子のみの世帯」が28・4%、「夫婦のみの世帯」が24・4%となっている。前年の2018年までは、「夫婦と未婚の子のみの世帯」が全世帯で一番高い割合を示していたが、2019年、日本ではついに単独世帯が全世帯でもっとも多い割合となった。

しかし、ひとりがどんなに好きだろうが、家族と付き合うのが面倒だろうが、緊急のときには、誰かの手を借りなければならない。家族がいなければ、他人の手が必要だ。他人の手を借りたくないという頑なな人もいるが、借りたくないとかいう感情の問題ではなく、人という字を見ればわかるように、人間は、人に支えられて生きていることを忘れてはならないだろう。

経済力があるシングルの人にありがちだが、彼らは、ひとりで生きていると錯覚しているところがある。何ひとつ自分でやっていないのにである。たとえば、毎日食べる野菜ひとつ自分で作っていない。農家の手を借りている。電気だって、自分で起こしているわけではない。ひとりで住むのと、ひとりで生きているというのは違う。でも、この便利な現代社会において経済力のある人は、目が曇っているようだ。

人との付き合いは面倒なので、極力付き合わずに暮らしたいと思っている人は多い。しかし、それができるのは元気で若いときの話だ。老いていくというのは、人さまのお世話になる機会が増えるということに他ならない。

「ひとりなので、いざというときに心配です」という声を聞くたびに、わたしは言う。「心配だったら隣の人と仲良くしたら」と。

隣にどんな人が住んでいるかわからないのでこわいという人もいるが、まずは隣の人と仲良くしないまでも、知り合いになっておく必要がある。何かあったときに、真っ先に気づくのは、一緒に住んでいる家族、その次は隣人だ。距離は大事だ。

たとえば、あなたが部屋で倒れていたとする。そのことに真っ先に気づくのは、警備会社でもなければ、友人でもない。隣人だ。

「あら、新聞がたまっているわ」「あら、電気がずっとついていない」「あら、この頃会っていないけど……」。いくら、親しい友達がたくさんいても、緊急のときは隣人にはかなわない。

ただし、隣人は選べないのが問題だが、自分から声をかければ案外いい人だったりするものだ。

閉じこもらず、声がけしてみる

実は、こんな行動をした人がいる。70代後半のひとり暮らしの女性だ。彼女は地域のボランティア活動にも参加している方だ。その地域活動の中で、ひとり暮らしの人の「見守りネット」をつくろうという話になり、彼女も参加した。

70代とはいえ今はまだ元気で人の世話もできるが、いつ何が起きてもおかしくない年齢であることは確かだ。彼女は考えた。ひとり暮らしの人を見守る活動をするのはいいが、できたら、自分のことも見守ってもらいたい。

そこで、彼女は行動した。これまでほとんど付き合ったことのない向こう三軒両隣に、自分から挨拶に行ったのだ。もちろん、お隣さんとの付き合いはあったが、裏の家やお向かいさんは、顔は知っていても言葉を交わしたことはない。まずは、自分を知ってもらうことが一番だと思った彼女は、ドキドキしながら「ピンポン」と向かいの家の玄関のベルを鳴らした。

顔は知っていたが話したことのないご近所さんが立っているので相手はびっくり。そこで、彼女は説明した。自分は向かいに住んでいる者でひとり暮らしだということ。今は元気だが、何かあったときは困るので、外から見守ってくれないかと。

「何か変だなぁ。電気がずっとついてないなぁなど、おかしいと思ったら声をかけてほしいのです。わたしもあなたを見守ってますので、お互いに見守りあいませんか」

向こう三軒両隣（お向かい3軒、隣2軒）と裏3軒のうち、なんと3軒が高齢のひとり暮らし、2軒が高齢夫婦、1軒が若いひとり暮らし、だったとのことで、本人も驚いたという。訪ねた全員が「見守りネット」に大賛成。そこからご近所の交流が始まったそうだ。

今の時代、大きな一軒家であっても高齢のひとり暮らしが多い。

家族と住んでいなくても、家族福祉がなくても、隣人とタッグを組むことで、ひとり暮らしの不安から解放されるという、いい例ではないだろうか。隣の人はどんな人かわからないからと決めつけないで、1度話をしてみたらいかが？

　とにかく、自分から行動しないと、いい人間関係はできないし、自分から行動すれば、いい人間関係もできる。隣人、近所同士で「お互いに見守りましょう」運動を始めませんか。

マンションは孤立しやすい

仕事を辞めたら、ただのおばさん

住宅地に暮らす人は、町内会があることもあり、嫌でも人と接しなくてはならない場合が多いが、マンションの場合は、完全に隔離されているので、誰とも接することなく暮らせてしまう。

仕事をしている人の場合、昼間は家にいないことから、人と接する時間も必要性もないため、マンション暮らしは理想的といえるが、それは現役までの話だ。どんなに地位のあった女性でも、仕事を辞めてしまえば、ただのおばさんだ。ただのおばさんなのに、ただのおばさんの経験がないので、たいてい、働いてきた女性は地域で浮く。

会社生活が人生のすべてだった人たちが、地域に帰ってきたときの居場所のないこと。また、当人も居場所を求めていないので、彼女らをとりまく日常生活は、さらに悪化することになる。

今まで、家にいなかった人が家にいるわけだから、否が応でも同じマンションの住人と顔を合わせることになる。そのときに、挨拶をしなければ、あなたは、一生変わり者の年寄りとなって孤立することになるだろう。

マンションでも声がけは必要

マンションに住む人たちは、どちらかというと人間関係があまり好きでない人が多い。人に干渉されることを極度に嫌う人が多く、マンションはそういう人間関係が好きなあっさり型の人たちの集まりなので、なかなかまとまらない。

しかし、これから、ひとり暮らしでマンション生活を続けて行こうと思うなら、同じマンションの人と仲良くするべきだ。災害が起きたとき、真っ先に助け合うのは、同じマンションの人たちだ。知っている、知らないにかかわらず、助け合える。ひとつ屋根の下に暮らす人たちは、「地縁」という家族なのだ。一緒のところに住んでいるから、本当は団結できるし、協力できるはずだ。

とにかく、ひとり暮らしの人は、孤立してはいけない。

マンションでも緊急事態に気づいてくれるのは隣人だろう。

前項の向こう三軒両隣ではないが、同じフロアの住人に自分から「お互いに見守りませんか」と声をかけてみたら、いいご近所関係ができるような気がする。

わたしたちは、自分以外の他人を、どんな人かわからないと決めつけるところがある。わたしもそうなので、人のことは言えないのだが、正直、あまりかかわりをもちたくないと思っている人は多い。しかし、そんな感情で人と付き合うのは若いときの話だ。

人は年をとる。何かの縁で同じマンションに住んでいるのだから、助け合っていくべきだと思う。なかなか難しいが、そうしなければ、生きていけない時代に突入している。

地域に出て行こう

家族に代わる人間関係をもつ

家族をもたないひとりの人は、自分の存在を知ってもらう努力をするべきだろう。家族というもっとも頼りになるグループがないわけだから、それに代わるグループをもつことは、ひとりで老いるうえで必要だ。

たとえば、自分が孤独死をしたくないなら、団地の孤独死対策のボランティアをするとか。地域の夜回り団に入るとか。町内会の仕事を引き受けるとか。ひとり暮らしのお年寄りにお弁当を配達するグループに所属するとか。どこの地域にも、たくさんの社会活動グループが存在しているはずなので、適当なところを探して参加してみたらどうだろうか。

どんなところにも嫌な人はいるが、いい人もいる。とにかく、家族をもっていない人には、人間関係が必要なので、積極的に出て行って、グループに入ることをお勧めする。

気にしてくれる人がいるだけでぜんぜん違う

先日、呼ばれた講演会で、「ラベンダークラブ」という名のグループの方たちと知り合った。皆さん、女性で70代前後か。メンバーは9名。とにかく、仲良しで、毎月集まっては食事、旅行と忙しいらしい。

主宰者の方の話によると、ラベンダークラブは、おひとりさまの会で、ひとりになった人でないと入れない。このクラブに入るには、3つの条件がある。

1つ……ひとりであること。夫がいる人は入れない。入りたければ夫と別れるか死んでいただかなければならない。

2つ……おしゃれであること。おしゃれは前向きに生きている表れだ。

3つ……社会活動をしていること。

3を見れば、ただ、夫を亡くした女性たちの集まりではないことがわかる。

9名全員が、地域の活動、たとえば、ひとり暮らしの高齢者のための配食サービスをやっていたり、お年寄りのサロンとして家を提供していたり、皆さん、何かしらの地域活動をされている。

長年、夫婦でやって来た人がひとりになると、それまでの人間関係が崩れ、孤立しがちだ。夫がいなくなって初めてわかる世間の冷たさ。夫婦だからお付き合いがあった友達だったこともわかったりする。みんなそうだが、ひとりにされてみないと、わからないことはたくさんある。

しかし、同じ立場の人たちなら、すぐに仲良くなれる。ひとりになった者同士がスクラムを組めば、生活も楽しいし、心配もなくなる。ラベンダークラブの方たちのひまわりのような笑顔は、仲間がいる安心感からだとわたしには感じられた。

ラベンダークラブの方たちもそうだったが、ひとつのグループに固執しないで、たくさんのグループに所属し、人間関係を広げたい。

いろいろなグループに参加してみる

家族以外の人間関係づくりは、本当は家族のいる人でも心がけるとよいだろう。いつ、家族だってなくなるかわからない。家族もひとつのグループとして考えると、ひとつのグループにしがみつくよりは、複数のグループに所属していた方が、心の安心につながるからだ。

趣味のグループ、勉強のグループ、地域活動のグループ、社会問題を考えるグループ……など入りやすいものから参加してみてはいかがだろう。

「あれ、あの人来てないけど。何かあったのかしら」と気にしてくれる人がいるのと、いないのとでは、老いの日常はぜんぜん違ってくる。自分の存在を知ってもらうことは、ひとつの安全保障だ。老いてきたら、自分から存在を示していかないと、誰も気にはしてくれず、最後は、「あそこに住んでいたんですか。知らなかった。亡くなったんですね」ということになりかねない。

どこでどう死のうが、その人の自由だが、せめて生きている間は笑って暮らしたいものだ。ひとりでずっと家にいると笑いも出ない。人と接していれば、笑顔も出る。

友達はあてにならない

友達との関係は一瞬で変わる

わたしは、人から友達が多いと思われているが、映画を観に行ったり、おしゃべりしたりする人は何人かいるが、信頼できる友達は、ひとりしかいない。しかし、この年になると、ひとりいれば十分だ。

また、若いときは、楽しみを共有する友達がいるのは素敵なことだが、死が射程距離に入る年齢になると、賑わいとしての友達は必要がなくなってくる。これから必要になるのは、困ったときに気兼ねなく頼れる関係の友達だ。でも、問題なのは70代にもなると、友達も年をとり、動きが鈍くなり、頼りにできないことが起きてくることだ。

「何かあったら、駆けつけるから言ってね」と気持ちはあっても、実際には難しい場面が多くなってくる。そんな光景をわたしはたくさん見てきた。現役をリタイアすると、腰が重くなる人が多く、お互いに助け合おうと約束しても、体の部品にガタがきて行動するのが難しくなるからだ。

前の項目でも書いてきたが、助け合えるのは物理的に近くにいる人だ。あまりいい話ができなくて申し訳ないが、自分が経験しているからはっきり言える。友達はあてになりません。

先日、80代の女性と電話で話しているときに、友達の話になった。人生の大先輩の彼女はつくづく言った。

「友達って確かにいい響きですよね。友達がいるって素敵なことよね。でも、この年になってわかったことは、残念だけど、友達って、そんなに美しいものではないってことよ」

わたしもそんなことを思っていたところだったので、大きくうなずいた。この感覚は70代に入らないとわからないかもしれない。

誰もがみんな自分中心で生きている。ちょっとしたことで、相手に対する自分の気持ちが変わるように、相手の心もころころ変わる。友達との関係は一言、一瞬で変わる。残念だがいいときだけの関係と思った方がいいような気がする。

人間関係は淡い方がいい

これまでのわたしの著作では、そう思っていたので「ひとりの人は友達が大事」と書いてきたが、70代になりとらえ方に変化が出てきた。身内もそうだが、友達も人間だ。人間が人間に固執するのは、お互いに自分の首を絞めるようなものだと思うようになった。

それはいい友達がいないからよ、と言われそうなので、先に弁解しておくが、そういう話ではないのだ。いい友達でいたかったら、あまり近づかないことだ。夫婦、親子もそうだが、友達も距離を縮めすぎることから、破綻する。だから、いい関係を保ちたいなら淡い関係でいることだ。

おひとり死をいいなあと思う人は、わたしが言いたいことをわかっていただけると期待しているが、おひとり死を成功させるには、近所の付き合いなど淡い関係を持つことは必要だが、濃い人間関係はいらないとわたしは体験から言える。濃くて良いのはエスプレッソコーヒーだけだ。

結局、おひとり死をいいと思う人は、どんなに緊急事態が起ころうが、人をあてにしないという強い気持ちを持てる自分になることが、もっとも大事なことのような気がする。

自分が友達にとり、あてにならないように、友達もあてにならない。友達がいるのは人生の賑わいとしては楽しいものだが、それ以上ではないと最近思うようになった。こんなことを偉そうに言っているわたしだが、人をまったく求めていないと言ったらうそになる。しかし、求めないようにしているのは事実である。

見事なおひとり死を願う人は、人ではなく自分の内面を掘り下げることしかないように思う。それを寂しいと言う人には、言わせておけばいい。人の評価など気にしていたら、極上のおひとり死はできない。

6章　人に迷惑をかけずに、きれいさっぱり死にたい人のために

身元保証人を要求されたらどうするか

どんな場面で保証人を要求されるか

ひとりの人を困らせている社会における問題、それは、人生の大事な場面で身元保証人を要求されることだ。日本の社会では、就職するとき、家を借りるとき、病院に入院するとき、介護施設に入るときに身元を保証する身元保証人を要求される。しかも、保証人の要求だけでなく、身内の保証人を立てるのが通例だ。まるで、この社会には身内のいない人はいないかのように。

ひとりの人は、確かに結婚して家族を持たなかったかもしれない。しかし、家族を持つのも持たないのも個人の自由なはずだ。社会にはいろいろな人がいるのに、身内の保証人を当たり前のように要求するのはおかしい。

大家族が多かった時代ならいざ知らず、ひとり世帯が急増している現代社会にあって、いまだに、身元保証人要求がまかり通っているのは問題ではないだろうか。

では、どんな場面で身元保証人を立てることを要求されるのか。

わたしたちが老いていく中で保証人を求められる場面は主に3つだ。

1　家を借りるときに身元保証人を要求される

家を借りたことのある人ならわかると思うが、賃貸契約の際、保証人を要求される。これは、身元保証と呼ばれるもので、借り手の身元保証と家賃を滞納したときの支払い保証、死亡時における財産整理、建物の明け渡しの保証を意味する。

保証人なしでは、アパートひとつ借りられないのが、今の日本だ。保証人になってもらえる人がいない人はどうしたらいいのか。答えは簡単。民間賃貸住宅では、保証会社を利用するなどしてお金を払わない限り、借りられないことになる。URの賃貸住宅の場合は、身元保証人はとらない。その代わりに、預貯金の残高証明書、納税証明書などを求められる。これはとても妥当だと思う。民間賃貸住宅では、礼金、家賃を払ううえに、まるで犯罪者のように縛りがある。これは日本の悪しき慣習で、国が国民を管理するのと構造は同じだ。家賃の取りはぐれはないか。変な人に借りられたら困る。トラブルがあったら困る。大家を守るために、身元保証人がいるのだ。何かあったときは、責任をとらせるために身元保証人という人質《ひとじち》をとるのだ。

2 介護施設・有料老人ホームに入所するときに、身元保証人を要求される

高齢になり、自宅で暮らす自信がなくなると、有料老人ホームや介護施設などへの入所を希望する人が出てくる。最後まで自宅でと思っていても、病気やけがなどにより、ひとり暮らしが困難になったときの最後の住まいとして考えられるのが、それらの施設だ。

もし、長生きをしてしまったら、ぎりぎりまで自宅で頑張り、いよいよのときは、自分の経済力に見合った施設に入るというのは、ごく一般的な考え方だろう。

しかし、最後の家になる介護施設や有料老人ホームに入るのにも、身元保証人という壁が立ちはだかる。お金さえあればなんとかなると思っている方も多いだろうが、どっこい、お金があってもこれらの施設には入れない。

ひとり身で高齢の場合、身内の保証人を立てるのは非常に難しい。本人が高齢になる頃は、親も兄弟もいない場合が多くなるからだ。友達といっても同じ年代の友達なら、認知症になっているかもしれない。姪や甥も身内だが、疎遠な高齢者はとても多い。お金の入ったバッグを抱えながら施設の前に立ち尽くす、悲しき高齢者の姿を容易に想像できる。でも、それは他人事ではなく、わたしたちがこれから体験する出来事なのである。

3　入院・手術のときに身元保証人・身元引受人を要求される

保証人問題は、どこまでも追いかけてくる。大家族の時代ならともかく、核家族、ひとり家族が主流の時代に、身内の保証人を求める方が本来、間違っていると思うが、現実の社会はそうなので、事実を述べるしかないのがつらいところだ。

病院は何を患者に保証させたいのか。それは入院費や医療費の支払い保証、手術や治療に対する同意・死亡時の手続きや身元引受人である。

もし、手術が失敗に終わって死亡したら遺体の引き取り手が必要だ。死ななくても病院から退院するのに人の手が必要だ。ひとり身の人を玄関に置き去りにするわけにはいかない。

病院側の気持ちもわからないではない。昨今は、治療費を払わずに逃げる外国から治療に来る富裕層の患者が多いと聞いた。治療費の踏み倒しはお金のない人がするものかと思いきや、昨今はお金持ちに多いと聞き、ぞっとした。高額医療費の取りっぱぐれは、病院の命取りになるので、保証人要求もわからないではないが、十把ひとからげではなく、臨機応変にやってもらいたい。

保証人がいないときどうするか？

では、身内のないひとりの人で、他に保証人を頼めるような人もいない場合、どうしたらいいのか。

「身内はいない」で押し切る

病院が保証人を要求する最大の理由は、治療費の取りはぐれを防ぐことである。

身内の保証人を要求されたら、「ひとり者なので、身内はいない」とはっきりした口調で言うこと。

「身内はいることはいるんですが、頼みたくないんです」などと、余計なことは言わないことが肝心だ。

「ひとり身なので身内はいません」。これで押し切る。そこで、「じゃ、うちでは入院はできません」と断られることはまずない。保証人がないと手続きできないと、法律で決められているわけではないので、そこは踏ん張りどころだ。もし、断られたら、その病院はどうせろくな病院ではないので、他の病院をあたろう。とにかく、相手に負けないことが大事だ。

「治療費を先に預けさせてください」と札束をちらつかせ押し切る

身内がいなくても、保証人になれる友人がいるときは、「身内はいないのですが、友人ではだめですか」と必ず聞くこと。友人でいいと言うところも多い。

それでも、「ダメだ」と言われたら、「治療費を先に預けさせてください」とお願いする。または、銀行預金の残高証明書を見せる。札束をテーブルの上に置くという手もある。

病院もやり方を変えてほしい

困っている人がたくさんいるのだから、病院もこちらに歩み寄ってやり方を変えてほしいと思う。身内がいなくても入院も手術もできるようにするのが、そんなに困難なこととはどうしても思えない。身内の保証人をとれば、それで安心だから、この方法が長く続いているだけだと思われる。

ここで提案だが、治療費の取りはぐれが心配なら、病院は預かり金システムを導入したらどうだろうか。

入院する前に「預かり金」を病院側に渡す。たとえば、20万円かかりそうなら多めに預かるようにする。預金通帳の残高証明書のコピーを渡すという方法もあるが、世の中には悪い人がいるので、やはり現金を先に預けるのがいいだろう。この方法で、金銭の保証人は必要なくなるはずだ。

延命治療をするか、しないか

尊厳死とは、どういうものか

ピンピンコロリで死にたいのは誰しもの願いだろうが、どう死ぬかは死んでみないとわからない。悪いことは考えたくないが、自分だけは大丈夫ということもないので、最悪の場合を想定しておくのは、安心して生きるうえで重要だろう。もし治る見込みの薄い病になったらどうしてほしいのか。できる限りの治療を望むのか。どんな痛みにも耐えるのか。それとも、苦痛だけは取り除いてほしいのか。

老衰や大きな病気のとき、口から食事が摂れなくなっても栄養補給をしてほしいのか。それとも、そのまま終わりでいいのか。元気な今のうちに、延命治療を望むのか、望まないのかだけは決めておくといいだろう。

もし、突然倒れたり、事故にあったりすれば、直ちに救急搬送され、場合によっては呼吸器をつけられ、点滴が行われることになる。本人の意思を確かめることなく、延命治療を施されることは十分に考えられる。また、1度、取り付けられた延命装置は、簡単にははずすことができないため、死ぬまで延命装置とともに生きることになる。

今は元気で判断力があっても意識朦朧の緊急時には、医師や家族に判断を委ねざるを得なくなる。そうなる前に、つまり今、延命措置を望むのか、延命措置を拒否するのかを決めておいて遅いことはないだろう。いい死に方をするために、尊厳死の宣誓は必須だ。尊厳死とは、過剰な延命措置をせずに、最後まで人間の尊厳を保ち、命を終えることだ。

日本尊厳死協会による「尊厳死とは?」の回答はこうだ。


尊厳死とは、不治で末期に至った患者が、本人の意思に基づいて、死期を単に引き延ばすためだけの延命措置を断わり、自然の経過のまま受け入れる死のことです。

——本人意思は健全な判断のもとでなされることが大切で、尊厳死は自己決定により受け入れた自然死と同じ意味と考えています。（本文ママ引用）

そんなことはまだ考えたくない、80歳過ぎたら考えるという人もいるだろうが、尊厳死の宣誓に早すぎることはない。もし、あなたが、自然に死ぬことを望むなら、延命治療を拒否するのが賢明だろう。

家族や友人に自分の意思を伝えておく

延命治療をしない自然死を望むにせよ、実行するのは自分ではなく他者だ。意識がはっきりしていて、しゃべればいいが、おそらく延命治療の有無の判断を下さなくてはならない状態のときは、自分が自分でなくなっているだろう。

若いときの回復の見込みのある病気と違い、高齢で救急搬送されたときは死に向かっている場合が多いので、自分で判断できる状態でないのが普通だ。そのときに判断を下すのは家族だ。身近な人だ。

病院に運ばれたときにガバッと起きて「延命治療はしないでください」と言えれば

いいが、残念ながらそれはできないので、そのときは家族が判断することになる。

ここで重要なのは、日頃から家族に自分の意思を伝え、理解しておいてもらうことだ。家族を悪く言う気はないが、家族はあなたの意思を尊重することより、自分の感情を優先してしまいがちだ。なぜなら、家族は、あなたに死んでほしくないからだ。どんな姿であっても生きていてほしいと願うのが家族だ。今では尊厳死にも延命治療にも詳しいわたしだが、以前の無知なわたしなら、「死なせないでください」と叫ぶだろう。

2004年に85歳の父が自宅で倒れ、救急車で集中治療室に運ばれたとき、わたしは無知だったので、集中治療室ですでに呼吸をしていない父を見たときに、医師に食ってかかった。入院は予想していたが死ぬと思っていなかったからだ。

「死んでから呼ばれても困る！　どうにかならなかったんですか！」

しかし、今思うと、父は助からなくてよかった。もし、助かっていたら、鼻からチューブを入れられ植物状態になっていたかもしれない。思い出すと自分の無知さにぞっとする。あのとき、わたしは尊厳死の知識も延命治療の知識もまったくなかった。

緊急のときの判断は家族がすることになるので、もし自分は絶対に延命はしないと決意しているのであれば、その意思を家族に理解してもらう必要があるだろう。

自分だけ決めていても、家族が理解していなければ、実行は難しくなるからだ。そういう深刻な話が嫌いな家族もいるだろうが、時間をかけて根気よく、理解してもらう努力をしていきたい。

たったひとりの妹をもつ友人は、妹は金融の話は好きだが、死や終活の話にはまったく無関心だと嘆く。自分の身に何かあったときに駆けつけるのは妹だ。友人は妹が「お姉さんを死なせないで！」と叫ぶのは目に見えていると、肩をすくめた。

近しい人に尊厳死についての考えを理解してもらう方法

尊厳死に対して、近しい人に関心をもってもらうにはどうしたらいいか。水を飲みたくない馬を水場に連れていっても飲まないように、関心のない人をその気にさせるのは、とても難しいが、方法はある。

（1）近しい人を招いた際に、さりげなく、まるで忘れ物のように、尊厳死関連の書籍を居間のテーブルの上に置いておく。

書籍には花柄のカバーをつけておくといいかもしれない。テーブルの上にあれば、気になり、中をめくるはずだ。そのまま閉じられてもいいから、目に触れさせることから始めたい。週刊誌などで尊厳死の特集があるときは、付箋《ふせん》をつけておくとか、そのページを開いたまま伏せておき、手に取ってもらうきっかけをつくる。

(2) 誕生日の夕食会などのときに、自分の尊厳死に対する考えを皆の前で話す。

誕生日のお祝いの席で、誕生日の人の話に耳を傾けない人はいない。華やいだ雰囲気の中で、「皆さん、わたしからお願いがあります。人生、先はわからない。わたしは尊厳死をしたいと思って、宣誓書を書きました。だから、何かあったときはよろしくね。乾杯!」。

まわりの人がきょとんとしてもいいので、軽く尊厳死ジャブをかます。運がよければ、そこから話が弾むかもしれないし、尊厳死に関心をもつきっかけになるかもしれない。一番よくないのは、まわりの人が尊厳死に興味をもつまで待つことだ。待ってはいけない。自分の意思を理解してもらうには、努力が必要だ。

とにかく、まわりの人に自分の意思とその本気さを理解してもらえるまで、頑張ろう。

遺骨は自分で運べない

死後処理を誰に頼むか

「わたしの遺骨は誰が運んでくれるの？」

他人の手を借りずに、自分のことは自分でやりたくても、死んでしまったら、できない。死んだら、いくら嫌でも人の世話にならなくてはならないのだ。

ＳＳＳの活動をやっていると、自分の死後処理を心配している人が多いことがわかる。死ぬのは仕方ないが、そのあとのことが心配なのだ。

もしあなたがひとり身で、死後、遺骨をお墓に納めてくれる人のことが気になるなら、今、まだ生きているうちに、誰に頼むか決めておく必要がある。

ひとりの人の場合、自分の遺骨の処理を誰に頼むか。実は、それが問題だ。姪や甥はいるが、頼みたくない。かといって友達に頼むのも気がひける。いえ、友達はだいたい同世代なので、友達の方が先に逝く可能性もある。そうなると、若い人に頼まなければならない。というふうに堂々巡りし、どうしよう、どうしようの不安のドツボにはまるのだ。

本当は、仲のいい友達と「先に逝ったらよろしくね」と、お互いに約束しておけばいいだけのことだが、もし、その友達が先に逝ったらと考えたら眠れなくなる。そういう心配性の人は、お金で、NPOに頼むしかないだろう。

身元保証を仕事にしているNPOは、公正証書遺言を書くことと指定のお金を支払うことで、火葬から葬儀、遺骨運びから死亡通知まで、あなたが不安に思っていることをすべてやってくれる。

本来、家族がやるべきことを全部やってくれる。言うまでもないことだが、そのNPOがあなたの死ぬときまで存続し、それまでに経営が破綻しなければの話だ。しかし、これから世の中がどうなろうと、そんなことよりも、自分の遺骨が心配で仕方がない人は、NPOに頼むしかないだろう。

ＳＳＳの会員の中にも、ＮＰＯに、緊急時の支援から認知症になったときの後見人、身元保証人、そして葬儀に納骨、死後の部屋の片づけと、一切をやってもらう契約をし、安心したという人はたくさんいる。

死んだら、よろしくね

また、ＳＳＳでは「災害ネット」という災害時の助け合いのグループづくりをしているが（現在は休止）、こういったグループの人同士で、頼み合うこともできる。お互いさまの精神で、助け合うのは、難しいことではないはずだ。

「もし、死んだら、そのときはよろしくね」とお願いし合うのはどうだろうか。

いずれにしても、自分の遺骨は自分で処理できないし、運べない。最後まで、きちんと思うなら、早めにお願いして、そのことを心配しないで暮らせるようにすべきだ。なぜなら、人生は先の心配をするためにあるのではないからだ。

死後の家の片づけは専門家にお任せを

心配はどこまでも続く

死後の部屋の片づけを心配する人は多い。死んだあとなど、どうなってもいいという人がいる一方で、〝立つ鳥跡を濁さず〟でこの世を去りたい人もいる。ひとりの人は、自分の身の始末（火葬・納骨）のことが済むと、次は部屋の片づけに気持ちがおよぶようだ。ひとりの人の心配はどこまでも続く。

ひとり暮らしの人の場合、孤独死で言われているような、死後何日も発見されない状況は、簡単に想像がつく。家族がいれば、すぐに発見されることでも、ひとり暮らしの場合は日数がかかるだろう。最近、顔を合わせないわと思っているうちに、腐敗が進むというのは十分に考えられることだ。

家でおひとり死しないとしても、死後の家の片づけをきちんとしてもらって去りたい。そう願っている人は多い。しかし、問題は、死んでしまったら自分で片づけをできない点だ。誰かにやってもらわなくてはならない。

さて、では、誰にやってもらうかだ。最近は、ネットで検索すれば、遺品の片づけをやってくれる業者はすぐに探せる。

仮にあなたが死後の片づけを遺品整理業者に依頼したとする。実際にどんなことをやってくれるのか知りたいところだと思うので、作業の流れを紹介したい。

遺品整理の流れ

1　遺品の確認。

貴重品の見落としチェック、形見分けの分類、供養品の確認、リサイクル品などにまず仕分けする。

2　仕分けした遺品を、梱包して屋外に搬出する。

3　供養品、形見分け、リサイクル品などはトラックに積み、会社まで運ぶ。不用品は廃棄物処理業者に引き渡す。
4　空になった故人の部屋をスタッフが清掃する。
5　部屋から発見された貴重品、写真、手紙などは、指定した人に渡して確認してもらう。その際、形見分けの品は指定のところに発送する。
6　供養品は、会社の祭壇に供え、僧侶を招き無料で合同供養をする。
7　引き取った遺品は、リサイクル品、リユース品として再生、販売されたり、海外に寄贈されたりする。

片づけるというと、全部ゴミとして一括処理してしまう業者もあるが、遺品整理を遺族に代わって丁寧に慎重にしてくれるところもある。

わたしは、以前に生前契約で死後の部屋の片づけを頼まれたＮＰＯについて行って、現場に立ち会ったことがある。そのときの片づけ方を見ていたが、片づけといっても、業者によって扱い方も考え方も違うことを知った。

あるＮＰＯの片づけは、部屋の中のもの（遺品）をすべて廃棄物とし、分別することなく、貴重品も証書もゴミとしてビニール袋に入れ、トラックに放り投げていた。契約した故人が「死んだらすべて捨ててください」とお願いしてあったからだろうが、埃とゴミのすさまじい現場だったのを今でも覚えている。お線香ひとつあげることなく、片づけは始まり、終わった。

遺族のいないひとりの人は、死後の部屋の片づけを、自分が生きているうちに業者に依頼しておかなくてはならないだろう。

遺品の整理業者には、さまざまな依頼や相談が来る。そんな中で最近多いのが、「死後の部屋の片づけの事前見積もり」だという。ある業者によると、ここ数年の間に、ひとり暮らしの人からの「片づけの見積もり」を依頼されることが多くなったということだ。

「死後の片づけのことが心配で……」と遺品整理業者に事前見積もりを依頼してくる人の9割が70代前後のひとり暮らしの女性だそうだ。そのうち子供のいない人は半数。子供がいても迷惑をかけたくないと意地になっている人も多いということである。

遺言を書いて、信頼できる人に預けておく

あげたい人にあげたい

「遺言を書くほどお金を持っていないから」と言う人がいるが、ひとりの人は遺言を書いておかないととんでもないことになりかねないので、遺言を書くことをお勧めする。

なぜ、ひとりの人に遺言が必要かというと、親も子供も配偶者もいない場合、遺言を書いておかないと、法定相続人である兄弟姉妹に財産が相続されてしまうからだ。

また、元々兄弟のいない人の場合は、遺言がないと、すべての財産を国に没収されかねない。国に何もしてもらえず、自分のわずかな蓄えで老後を乗り切ってきたという

のに、最後は国に持っていかれるなんて許せないことだと思いませんか。

兄弟関係がうまくいっていた人は別だが、ひとりでコツコツ働き貯めてきた貴重なお金が、困ったとき手を差し伸べてくれたこともなかった兄弟姉妹にわたり、大喜びしている姿を想像してほしい。全部が全部とは言わないが、ここだけの話、ひとり身のあなたの財産を結婚して家庭のある身内は狙っている。こんな言い方は過激かもしれないが、身内は、ひとり身のあなたが死ぬのを待っていると言ってもいい。

甥や姪をかわいがっていて、財産を全部あげたい人は別だが、ひとり者のおばさんであるあなたは「オレオレ詐欺」に気をつけるより、「身内」に気をつけた方がいい。

わたしの父が亡くなったときに、相続の手続きをやってもらった司法書士の方が、9割の人が兄弟間の相続でもめると言っていた。仲のよさそうな兄弟でも、それぞれが家庭をもつと、自分の家庭が大事になる。もらえるお金はたとえ1円でも多くもらいたいのが心情のようだ。兄弟とはいえ、子供の頃一緒だったというだけで、別人格、別人生。つまり他人と変わらないのだ。ところが、法律では、父母や祖父母が他界し、子も配偶者もいない人の場合は、兄弟・姉妹が全部の相続財産を相続するようになっているのだ。これが相続争いの元になる。

人には自力で働けない人、自分で収入を得ることのできない人もいるので、一概に言うことはできないが、自分で築いた財産は一代限りにした方がいいと思う。親の財産は親の財産。子供は自分で稼げばいいのだ。みんなゼロから築けばいいのだ。

現在の法律では、遺言がないと法定相続人に財産が渡ることになる。自分が汗水たらして貯めたお金や不動産を、自分のあげたい人にあげたいと思いませんか。その場合、遺言が必要になってくるのである。

どんな遺言を書いたらいいのか

皆さまもすでにご存じだと思うが遺言には3つの種類がある。

①自筆証書遺言　②公正証書遺言　③秘密証書遺言

秘密証書遺言はあまり一般的ではないので、ここでは自筆証書遺言、213ページから公正証書遺言について説明したい。

まずは自筆証書遺言について。これは本人の手書きによる遺言のことだ。もっとも簡単で今すぐに書ける遺言である。書き方は次のことが守られていればいい。

まず、自筆であること。作成した日付を書く。自分の名前を書く。判を押す。自筆証書遺言の場合は、紙とペンと印鑑があれば、費用がかからずに書くことができるので、一番手軽な遺言書といえる。

また、誤字脱字など書き改めるときは一定の様式があるので、それにのっとってやらないと無効になるので注意が必要だ。

自筆証書遺言を作るときは、「遺言の書き方」の本がたくさん出ている。参考にするか、ためし書きをしてみて専門家に見てもらうのもよい方法だろう。

SSSネットワークでは「遺言の書き方講座」を不定期で行っているので、よかったら参加してみてください。他の団体でも、最近は盛んに遺言講座が行われているので、ホームページなどでチェックしてみてはいかがだろうか。

ひとりの人は、何はともあれ、簡単でお金のかからない自筆証書遺言を書いてみよう。脅かすわけではないが、いつ、飛行機事故や病気で死ぬかわからない。もし、遺言がなければ、あなたの財産は、法にのっとり、付き合いがなかった、また親切にもされなかった身内に相続されることになる。最後まで、自分らしく死にたいのなら、今すぐに遺言を書いておくべきだろう。

自筆証書遺言の書き方

【遺言書の例】

遺言書

私、田中裕子は、次のとおり遺言します。

1　私は、左記の不動産を長女佐藤みどり（平成○年○月○日生まれ）に相続させます。

1　土地

所在・

地番・

地目・

地積・

2　建物

所在・

家屋番号・

種類・
構造・
床面積・

2　私は、私の所有する左記の預貯金を友人の高岡まゆみ（昭和○年○月○日生まれ）に遺贈する。
　1三井住友銀行　丸の内支店　口座番号

3　私は、その他のすべての財産を動物愛護協会に遺贈する。

4　私のこの遺言の執行人として、司法書士の加藤さなえを指定します。

令和○年○月○日
東京都□□区・・・・
遺言者　　田中裕子　　印

【書くときの注意】

いろいろあるが、ここでは1点だけ最も重要なことをお知らせしたい。言葉の使い方だ。

相続人にあげるときは「相続させる」を使う。相続人以外の友人や団体などにあげるときは「相続させる」ではなく、「遺贈する」を使うこと。

そのほか詳しいことは、インターネットで「自筆遺言証書の書き方」「自筆証書遺言のひな形」で検索すると出てくるので、そちらを参考にしてください。

書けば安心ではない、自筆証書遺言の落とし穴

自筆証書遺言を書いた人の中には、「これで飛行機事故にあったとしても、安心だ」とほっとしている人を多く見かける。確かに、様式にのっとり正しく書いてあれば、死後、自分の遺言通りに相続されるので安心だが、問題もある。

ひとりの人の場合、遺言に関しても、そう簡単に物事が運ばないことに、わたしは最近気づいた。おそらく、そこまで気づいていない人が多いと思うので話したい。

それは、本人が遺言を書いたとしても、その遺言が正しい人に発見されなければ、

実行されないという落とし穴だ。ひとり暮らしの人の場合、遺言が発見されない可能性は高い。こんなことは想像したくないが、あなたが書いた遺言書を、家の片づけに来た兄弟が発見したとする。遺言の知識のない兄弟は、家庭裁判所での検認の手続きをせずに開封してしまう。もし開封してしまうと過料が発生する可能性があることも知らずに……。遺言の執行をするためには、遺言書に検認済証明書が付いている必要があるのだ。

また、こういうこともあり得る。日頃から兄弟と仲が悪かったとする。遺言を発見した兄弟は、こう思うだろう。自分たちに財産が来ないように遺言を書いているに違いないと。兄弟には遺留分がないので、裁判所に申し立てをしても、もらうことはできない。それを知っている兄弟は、遺言を破棄してしまうかもしれない。黙っていればわからないことだ。「遺言はなかった」と言えばそれで済むことだ。遺言のない場合は、兄弟が相続人になるので、兄弟に全額行くことになる。

身内はお金の匂いに敏感だ。もらえる権利は手放さない。遺産争いがどこの家にもあるのは、みんな、もらえるものなら1円でも多く欲しいという欲があるからだ。

ひとりの人は、遺言を書いただけでは安心してはいけない。

きちんと自分の意思どおり財産を残したいのなら、起こり得る問題を先に知っておくべきだ。

信頼できる人に遺言を預かってもらう

遺言実行の流れを整理してみよう。あなたの書いた遺言書は、発見者が家庭裁判所に持っていき、そこで開封、検認される。そこで、相続人の立ち会いのもとに本人が書いたものか確認する。遺言として有効と判断され、初めて遺言が執行されるのである。

先ほども述べたが、自筆証書遺言の欠点は、自分に不利な相続人が遺言を隠すことがあり得る点だ。もし、自分で書いた自筆証書遺言通りに執行してもらいたいと思うなら、遺言の中に自分が書いた相続人に、遺言を預かってもらうのがいい方法だと思う。また、2020年7月より、自筆証書遺言を法務局で保管してもらう制度がスタートした。この保管制度により、遺言書の紛失や偽造、盗難などのリスクは避けられる。ただし、法務局では、遺言書の中身が正しいか否かまでのチェックは行わない。法務局での保管制度を利用する場合は、通常の自筆証書遺言とは異なり、指定の様式があるようなので、きちんと調べたうえで、遺言書を書く必要がある。法務局が保管してくれても、法務局は中身が適正かどうかの判断をするわけではない。あくまで保管するだけだ。遺言書の中身が正式でなければ、遺言通りに執行されないのである。

家族と一緒に住んでいたり、子供がいる人の場合は、「わたしの遺言はここにあるから、わたしが死んだら家庭裁判所に持っていってね」と頼めるが、ひとりの人の場合は、親族が先に見つけて捨ててしまうこともあり得る。

また、遺言は日付が新しいものの方が有効だということも知っておこう。

4章で触れた、SSS会員の冨美子さんの話だが、兄弟と仲が悪い彼女は、どんなことがあっても遺産を兄弟にはあげたくなかった。兄弟は金の亡者で、独身の彼女の遺産を相当あてにしていた。兄弟に遺産をあげるつもりはないが、あげないと言うとどんな意地悪をされるかわからないので、安心させるために自筆証書遺言の中身を見せ、兄に預けたそうだ。

「兄は、遺産が入ると思って喜んでいたわよ。あたしが死ぬのを待っている。でも、兄が思うほど、あたしは馬鹿ではないの。すでに新しい日付の公正証書遺言をちゃんと作ってあるのよ」と笑った。つまり、兄に渡した遺言書は、無効なのである。

泥棒のような兄弟ばかりだとは思いたくないが、ひとりで生きてきた人は、自分の遺産の行き先をよく考えておく必要があるのではないだろうか。

わたしの友人は、お世話になった人たちに100万円ずつあげることを、自筆証書遺言に書いたらしい。

誰にどれだけ遺すのか。遺言書を書くということは、自分にとり大切な人を改めて知るいい機会でもある。

「あんな人には、1円もあげたくないわ。あの人は親切だったから100万円あげちゃおうかしら。それとも300万円あげて驚かそうかしら」。そんなことを考えながら友達を見るのも楽しい。

わたしもついに、コロナ禍で、自筆証書遺言を書いた。

遺言を書くと、自分の人間関係を見直すことができるので、ぜひお勧めしたい。人生を見直し、友達関係を見直すいい機会になるはずだ。

公正証書遺言の作り方

公正証書遺言とは、公証役場で公証人によって作成してもらう遺言のことだ。この遺言書は本人は遺言内容を公証人に話すだけで、書くのは公証人が行う。そのときに、作成に立ち会う証人を最低2人連れていく必要があるが、公証役場でお願いすることも可能だ。

公正証書遺言を作るシングル女性は多い。なぜなら、自筆証書遺言と違い、原本は公証役場に保管されるので、破棄されることがなく安全だからだ。

ただし、この遺言を作るときは財産に応じた額の手数料が必要になる。また、作成するときは、不動産、預貯金などの相続財産の内容を明記するために、登記簿謄本、印鑑証明書、遺言者の戸籍謄本、相続人の戸籍謄本などが必要となり、自筆証書遺言と比べたら、時間も手間もお金もかかるので面倒とも言える。

財産・不動産をたくさん持っているシングル女性は、この公正証書遺言を作る傾向にある。

先日も、公正証書遺言を作り終えた会員がほっとした顔を見せていた。

「もう、これで、気になることが全部済んだので、楽な気分で暮らせます」。自分が死んだあとの財産が、自分の意思通りになることが確認できて、ほっとしたと言う。わたしの場合は、財産といっても多少の預貯金しかないので、公正証書遺言を作るつもりは今のところないが、先についてはわからない。

公正証書遺言を作るときの手数料だが、財産の価額によって細かく定められている。たとえば財産が100万円以下の場合、手数料は5000円。財産が500万円を超え1000万円以下の場合は1万7000円。財産が1億円を超え3億円以下の場合は、4万3000円に超過額5000万円までごとに1万3000円を加算した額が手数料となるようだ。公正証書手数料は、渡す相続人や受遺者ごとにかかる。つまり1000万円を3人に相続させる場合は1万7000円×3人で、5万1000円かかるという計算だ。詳しくは「日本公証人連合会」などのホームページなどでご覧いただきたい。また、公証人を自宅や病院などに呼んで来てもらった場合、公正証書遺言を作成してもらうこともできるが、その際はまた別途費用がかかることも覚えておきたい。

遺言は書き換えることもできるが、そのたびに費用がかかるので、作成するときは慎重にしたい。

遺産となり得る財産リスト

遺言を書くときに、財産として頭に置いておきたいものをあげると次のとおりだ。

・不動産（山林や農地なども含む）
・預貯金
・株券
・美術品、宝石など
・自動車

公正証書遺言を書けばいいというものではない

遺言書の保管面では絶対安心の公正証書遺言にも落とし穴がある。

わたしも皆さんと同じで、公正証書遺言を作れば安心だし、自分の意思通りに実行されると信じていたのだが、身寄りのないひとりの人の場合、こういう問題が出てくる可能性がある。

実は、ＳＳＳの会員の方から「死んだらＳＳＳに１００万円を寄付する」という連絡があった。

その女性は75歳のひとり暮らしで独身の方だ。

「わたしが死んだら、少しばかりですが寄付がいきますので、もらってくださいね。公正証書遺言にしているのでよろしくね」と言われて気づいたのだが、彼女が死んだことをわたしがどうやって知るのかだ。

遺言執行人が誰なのか知らないが、もし身内なら、おそらく、聞いたこともない団体に連絡はしてこないだろうし、兄弟が彼女が公正証書遺言を作成してあることを知らないかもしれない。その場合は、どうなるのだろうか。

もし彼女の死後、数か月が経ち、郵便物が届かないなどで彼女の死を知ったとする。そのときに「寄付いただけることになっていると思いますが」と連絡するのも変だ。そんなことをしたら、相手はわたしたちが寄付を強要したと思うだろう。

遺言の内容通りに執行されたかどうか、遺言執行人をチェックする機関はあるのだろうか。それがわたしの疑問だ。

というのは、生前に死後の始末をNPOに頼んでいる人がいる。その場合は、遺言執行人はそのNPOがなっている場合が多い。問題は、そのNPOを誰がチェックするかだ。第三者機関を設けているところもあるが、そのメンバーは身内であるところが多い。

なぜ、こんなことを言うかというと、そんな疑問を感じる体験をしたからだ。

あるひとり暮らしの人が亡くなった。その人はある遺品整理業者に死後の家の片づけを頼んでいた。死後の家の片づけとはどういうことをするのか。興味を持ったわたしは、手伝わせてもらったことがある。

家の片づけのすさまじさは、また機会があったら話すことにして、わたしが片づけていた押入れの中から大きな封筒が出てきた。業者の方から、「全部捨てるように」と指示されていたのでゴミ袋に入れようとしたが気になったので、念のため業者に渡すと、これが公正証書遺言だったのである。

もし、わたしがあのとき、捨ててしまっていたら、身寄りのないその人が公正証書遺言を作っていたことを知る人はいないことになる。

安心といわれている公正証書遺言だが、実行されなければ意味がない。公正証書といえども、本人の死後、公証役場から関係者に連絡が来るわけではない。役所というところは、こちらから出向かない限り、動かないのは皆さんが知ってのとおりだ。それに、公証役場は書類を作り、保管するのが仕事なので、知らせる義務はない。

もしあなたが公正証書遺言を作ったなら、相続人のひとりにコピーを渡しておいた方がいい。渡しておかないと公正証書遺言の存在さえ知られないで、法定相続人に遺産が渡ることになる。

遺言に詳しくなればなるほど思うことは、ひとりの人は、信頼できる友達も持つべきだということだ。遺言執行人である信頼できる友達にコピーを預けておけば、まず、実行にあたり問題はないはずだ。

死後3日以内に発見してもらうために

孤独死だけはしたくない

「孤独死」を恐れる人が、何をもっとも恐れているかというと、発見が遅くなることである。「隣から悪臭がしたので……自治会の人に連絡して開けてもらったら……」という話を聞くたびに、自分の姿を想像しぞっとするからだろう。

「ひとりで自宅で死ぬのは構わないが、腐乱死体になるのは避けたい。第一、ご近所に迷惑がかかるし、遠い親戚にも迷惑がおよぶことがあるかもしれない。それだけは避けたい。それだけは嫌だわ」と本気で話す人は意外と多い。

孤独死の現場は、相当ひどいらしい。数日中に発見されればいいが、夏場は、腐敗するのも早く、悪臭だけでなく、ゴキブリやウジ虫もわき、とても耐えられるものではないらしい。

どんなにひとりのときに、素敵に生きてきても、最後の最後がウジ虫に這われるのでは、人生台無しだ。死んだあとのことは、本人はわからないのだからといっても、避けられるものなら避けたい光景だ。

では、ひとり暮らしの人が、死後3日以内に発見されるにはどうしたらいいのか。先に結論を言うが、それには日頃から、あなたのことを気にしてくれる人がいるかどうかにかかっていると言っていい。

ひとり暮らしでも「あれ、いないのかしら」と気にしてくれる人がいれば、たいてい3日以内に、何かあったと感じてくれるだろうが、誰とも接してなければ、死後1か月気づかれず、ウジ虫に這われるということはあり得る。なので、本当に、死後3日以内に発見されたいのなら、今からご近所の人とお付き合いをし、仲良くしておくべきだ。「わかるけど、それはしたくないのよ」という人は、まずは、新聞をとりましょう。

死後3日以内に発見してもらうための作戦

新聞をとる

新聞は毎日配達されるので、ドアポストに3日分もたまっていれば、「おかしい」ということになる。新聞をとるのは安否確認のもっとも簡単で有効な方法だ。新聞を毎日読むのが億劫な人もいるかもしれないが、3日以内に発見されたかったら、そんなことは言っていられない。安否確認のツールだと思えばいい。

配食サービスを受ける

ひとり暮らしの人のための配食サービスは各地域、自治体で実施されているはずだ。自分で食事が作れる人も、週に1度だけでもいいから、このサービスを利用すれば、安否確認の代わりになる。しかも、配達してくる人とも顔馴染みになれるので、日々の楽しみも増える。とにかく、定期的に家に来る人をつくるのが、3日以内に発見されるポイントだ。友達は定期的に来なくても、配食サービスの人は来る。いつ、自分が倒れるかわからない。誰かに早く、発見されたいと思うなら、試してもいいひとつの方法ではないだろうか。

サークルに参加する

「あら、あの人、来ないわね。何かあったのかしら」と思ってもらえる人をもつことが、3日以内に発見されるために必要だ。それには、サークルに参加することだ。どんなサークルでも構わない。趣味のサークル、シルバー大学のようなサークル、また、ボランティアのサークルでもなんでもいいが、できたら、そのサークルに長く所属し続けることをお勧めする。

いわゆる、そのサークルの主要メンバーになれば、1回休んだだけでも、誰かが連絡してくる。あなたのことを気にしてくれる人がいることが、早期発見につながる。そのために生きているわけではないが、3日以内に発見されないと心配で眠れない人は、日々の努力が必要だろう。

ヘルパーさんを頼む

サークルなんて面倒くさい、人と交わるのが苦手だという人は、ヘルパーさんを時々頼んだらどうだろうか。1週間に1度のそうじぐらいなら、そんなに出費にもならないし、また、3日以内に発見されたいのであれば、そのくらいの投資は必要だろう。また、介護認定を受ければ、週に何回かはヘルパーさんのサービスを受けることができる。

定期的に家に来る人をつくることが、安心につながる。現に、ヘルパーさんによって、死んでいるのを発見されるケースは多い。

見守りポットを利用する

このサービスは見守ってくれる相手が必要になる。

日常生活で必ず使用する電気ポットの毎日の使用状況を、離れて暮らす家族や知人がメールで受け取れるサービスだ。象印の無線通信機能がついたポット「i－POT」を使用し、「みまもりほっとライン」との契約が必要になる。

相手のプライバシーを侵すことなく、ポット使用者の安否確認ができる。「電源を入れた」「給湯した」といったデータが、内蔵されている無線通信機からNTTドコモの無線通信回線を通してシステムセンターの専用サーバーへ送られる仕組みになっている。

セキュリティ会社のセコムでは、「セコムみまもりホン」というサービスを行っている。自宅や外出先で具合が悪くなったときに、みまもりホンの救急ブザー用ストラップを引っ張れば、セコムが対応し、その場に駆けつける、という仕組みだ。

でも、こんな言い方をしたら怒る人もいるだろうが、おひとり死したい人に、救急ブザーはいらない。セコムが駆けつけたら、静かに死ぬこともできないからだ。

おわりに

実は2010年に『おひとり死』（河出書房新社）というタイトルでわたしは本を1冊書いている。時期が早すぎたのか、暗いタイトルのせいか、売れなかったので、わたしも、その本を書いたことすら忘れていた。

そんなとき、SB新書編集部の美野晴代氏から電話があり、「70代になった今こそ、おひとり死について、書くときだ」と背中を押された。前著の『ひとりで老いるということ』（SB新書）が発売されてほっとしていたときだったので、ゆっくり休みたかったが、頼まれるうちが華だと思い直し、頑張って2か月で脱稿した。

大急ぎの仕事で大変な編集作業だったはずだが、粘っていただいた美野氏には感謝しかない。また、取材に協力してくださったSSS会員の皆さんにも、この場を借りてお礼を言わせていただきたい。

そして、最後に、天国に逝ってしまった方々にはスペシャルサンクスを。あなた方の笑顔は一生、忘れません。ありがとうございました。

これが最後の著作のつもりで頑張って書かせていただいた『極上のおひとり死』だが、美野氏によると、わたしは、毎回、脱稿した後には「これで最後」と言っているらしいので、懲りずにまた書くかもしれない。そのときは、どうぞお見限りなくお付き合いいいただけたらうれしい。

2021年7月

松原惇子

著者略歴

松原惇子（まつばら・じゅんこ）

1947年、埼玉県生まれ。昭和女子大学卒業後、ニューヨーク市立クイーンズカレッジにてカウンセリングで修士課程修了。

39歳のとき『女が家を買うとき』（文藝春秋）で作家デビュー。3作目の『クロワッサン症候群』（文藝春秋）はベストセラーとなる。

女性ひとりの生き方をテーマに執筆、講演活動を行っており、1998年には、おひとりさまの終活を応援する団体、NPO法人SSS（スリーエス）ネットワークを立ち上げる。

著書に『わたしのおひとりさま人生』（海竜社）、『老後ひとりぼっち』『長生き地獄』『孤独こそ最高の老後』『ひとりで老いるということ』（SB新書）などがある。

■NPO法人SSSネットワーク　https://www.sss-network.com/
■E-mail　sss@bird.ocn.ne.jp
■TEL　03-6205-5373（金曜日10～17時のみ）

SB新書　553

極上《ごくじょう》のおひとり死《し》

2021年8月15日　初版第1刷発行

著　者　松《まつ》原《ばら》惇《じゅん》子《こ》

発行者　小川 淳

発行所　SBクリエイティブ株式会社
〒106-0032　東京都港区六本木2-4-5
電話：03-5549-1201（営業部）

装　幀　長坂勇司（nagasaka design）

組　版　株式会社キャップス

校　正　根山あゆみ

印刷·製本　大日本印刷株式会社

本書をお読みになったご意見・ご感想を下記URL、
または左記QRコードよりお寄せください。

https://isbn2.sbcr.jp/11484/

落丁本、乱丁本は小社営業部にてお取り替えいたします。定価はカバーに記載されております。本書の内容に関するご質問等は、小社学芸書籍編集部まで必ず書面にてご連絡いただきますようお願いいたします。

ISBN 978-4-8156-1148-4

銀行を淘汰する破壊的企業　山本康正

誰も知らないとっておきの世界遺産ベスト100　小林克己

「人に迷惑をかけるな」と言ってはいけない　坪田信貴

子どもの幸せを一番に考えるのをやめなさい　陰山英男

知らないと損をする男の礼儀作法　諏内えみ

捨てられる男たち　奥田祥子

管理職はいらない　野口竜司

日本人が知らない世界の黒幕　馬渕睦夫

最新の脳研究でわかった！自律する子の育て方　工藤勇一　青砥瑞人

ドイツ人はなぜ、毎日出社しなくても世界一成果を出せるのか　熊谷　徹

SB新書

部下を育ててはいけない　田端信太郎

まちづくり幻想　木下 斉

おひとりからのひみつの京都　柏井 壽

伝え方の作法　池上 彰　佐藤 優

新説の日本史　河内春人／亀田俊和　矢部健太郎／高尾善希　町田明広／舟橋正真

昭和という過ち　原田伊織

逆境力　パトリック・ハーラン＋フジテレビュー!!「パックンと考える子どもの貧困」制作チーム

知らないではすまされない地政学が予測する日本の未来　松本利秋

人間にとって教養とはなにか　橋爪大三郎

バズる書き方　成毛 眞

SB新書

ひとり老後のプロが教える幸せ老人のなり方
老後ひとりぼっち
松原惇子

「長生き＝幸福」の時代は終わった！
長生き地獄
松原惇子

孤独を逃れようとするほど老後は不幸になる
孤独こそ最高の老後
松原惇子

あなたは、ひとりで何歳まで頑張れますか？
ひとりで老いるということ
松原惇子

人生は後半戦が面白い！
賢く歳をかさねる人間の品格
坂東眞理子